AMÉFRICA

Améfrica
Coletivo Legítima Defesa

© Coletivo Legítima Defesa
© n-1 edições, 2024
ISBN 978-65-6119-021-3

Embora adote a maioria dos usos editoriais do âmbito brasileiro, a n-1 edições não segue necessariamente as convenções das instituições normativas, pois considera a edição um trabalho de criação que deve interagir com a pluralidade de linguagens e a especificidade de cada obra publicada.

COORDENAÇÃO EDITORIAL Peter Pál Pelbart e Ricardo Muniz Fernandes
DIREÇÃO DE ARTE Ricardo Muniz Fernandes
GESTÃO EDITORIAL Gabriel de Godoy
PRODUÇÃO EDITORIAL Andressa Cerqueira
ASSISTÊNCIA EDITORIAL Inês Mendonça
EDIÇÃO EM LaTeX Suzana Salama
PREPARAÇÃO Fernanda Mello
REVISÃO Gabriel Rath Kolyniak
CAPA Fernando Sato

A reprodução parcial deste livro sem fins lucrativos, para uso privado ou coletivo, em qualquer meio impresso ou eletrônico, está autorizada, desde que citada a fonte. Se for necessária a reprodução na íntegra, solicita-se entrar em contato com os editores.

1ª edição | Agosto, 2024
n-1edicoes.org

AMÉFRICA

Coletivo Legítima Defesa

organização **Eugênio Lima e Majoí Gongora**

CONTRACOLONIZAÇÃO	**9**
Caminhos abertos sob asfaltos quentes	11
As veias abertas dos filhos da terra	15
Améfrica	23
AMÉFRICA EM 3 ATOS	**33**
Prólogo	35
Ato 1: Cicatriz tatuada	37
Ato 2: A retomada	57
Ato 3: A tempestade	99
CONFLUÊNCIAS NA RETOMADA	**141**
Améfrica ladina indígena	143
Pensamento amefricano contemporâneo	145
"Quinhentos anos de contato"	153
Referências	177
Ficha técnica	183

Não fizemos os quilombos sozinhos. Para que fizéssemos os quilombos, foi preciso trazer os nossos saberes de África, mas os povos indígenas daqui nos disseram que o que lá funcionava de um jeito, aqui funcionava de outro. Nessa confluência de saberes, formamos os quilombos, inventados pelos povos afroconfluentes, em conversa com os povos indígenas.
A contracolonização é o diálogo com as cosmologias, a ancestralidade, as encruzilhadas. No dia em que as favelas confiarem nos quilombos e os quilombos perderem o medo das favelas; quando os quilombos, as favelas e as aldeias todas confluenciarem, o asfalto vai derreter.
O mote é favela, quilombo, aldeia; aldeia, favela, quilombo; quilombo, favela e aldeia. É a circularidade.

NÊGO BISPO

CONTRACOLONIZAÇÃO

Caminhos abertos sob asfaltos quentes

O BONDE[1]

Quando nós, d'O Bonde, fomos convidades a abrir os caminhos deste livro com nossas palavras, além de honrades e felizes, foi impossível não olharmos para a nossa própria trajetória, que se assemelha à do Coletivo Legítima Defesa, e refletirmos sobre a importância do que tem sido criado, pensado e fomentado na história dos teatros negros e dos teatros de grupo, no recorte cênico da cidade de São Paulo e do país. Perceber a potência atravessadora com que coletivos de teatros negros estão repensando o fazer teatral (construindo suas próprias identidades e estéticas, escancarando as próprias histórias, protagonizando as próprias narrativas e mudando os rumos do cenário teatral brasileiro) é de honrar os caminhos, agradecer e plantar no aqui e no agora, no ontem e no amanhã.

Somos presentes e estamos em constante movimento – Laroyê! É no ato presentificado dessas palavras, independentemente do tempo-espaço em que serão lidas, que a força coletiva de construção de uma autonomia e criação de novos mundos se mostra: não andamos sós.

Ainda bem!

A trajetória dos teatros negros de grupo na cidade de São Paulo desempenha um papel crucial na cena teatral, na afirmação e celebração da cultura afrodiaspórica e também na denúncia e reflexão sobre os corpos negros em sociedade.

---

1. Ailton Barros, Filipe Celestino, Jhonny Salaberg e Marina Esteves.

Numa sociedade que nos massifica, a luta por representatividade vem pedindo cada vez mais espaço para reelaborar o "eu" como *nóis*, ao mesmo tempo que resgata o "eu" como poética única no mundo, reconstruindo uma subjetividade que nos humaniza. Foi no "corre" que os coletivos de teatros negros abriram caminhos, firmando o ponto no cenário teatral embranquecido, construindo obras que atravessam tempos, repensando narrativas e articulando políticas públicas com maiores e melhores condições de trabalho – ainda que o drible para desviar dos obstáculos impostos por um racismo estrutural seja constante.

Em 2015 os movimentos em *Legítima Defesa* começavam a borbulhar na panela cultural da cidade, advindos de fervimentos anteriores. Essa união de artistas inicia a inevitável inquietação acerca das representações das "negruras" nas cenas, formada por atrizes, atores, poetas, DJs e músicos, germinando ações performativas, peças de teatro e ciclos de leitura dramática. Em 2016, a performance poético-política *Em Legítima Defesa*, na Mostra Internacional de Teatro de São Paulo, jorrou dados concretos e sanguinários do povo preto, exclamando por onde passavam o tom da questão: Onde estão os negros? Essa ação reverberou em muitos cantos da cidade, expandindo o questionamento de por que os nossos corpos não estão nos lugares de visibilidade e poder, principalmente em organizações que se propõem articular produções teatrais de um país afrodiásporico e territórios-colônias.

Em 2017 estreou o espetáculo *A missão em fragmentos: 12 cenas de descolonização em Legítima Defesa*, dessa vez dentro da programação teatral da própria MIT. Aqui acontece uma afirmação de ponto, um ensaio do descobrir do véu, desvendando os mecanismos do racismo colonial, nomeando e friccionando com a atualidade, num desejo/ato de movimento. O trabalho conta com a presença do compositor, artista sonoro e libretista sul-africano Neo Muyanga, que integra o corpo musical do espetáculo. Em 2019 o coletivo estreia a peça *Black Brecht – E se Brecht fosse negro?*, considerado um dos trabalhos teatrais mais relevantes do ano, em que as premissas brechtianas são provocadas em relação às narrativas negras, aos poderes e às relações sociopolíticas em um grande tribunal que julga qual seria o lugar ocupado pela raça. Em 2020 a performance *A Maze in Grace*, criada e dirigida pelo artista Neo Muyanga com o coletivo Legítima Defesa e Bianca Turner, propunha a desconstrução e um novo olhar sobre a canção criada em 1772 por John Newton, um traficante de escravos que se converteu e se tornou um pastor anglicano abolicionista no final do século XVIII. Em 2022 estreia *Améfrica em 3 atos*, sobre as trajetórias negras e indígenas a partir de seus próprios legados, trazendo à tona narrativas soterradas pela herança colonial. Em 2024 o grupo se prepara para a estreia de *Exílio: notas de um mal- estar que não passa*, livremente inspirado nos textos de Abdias do Nascimento e nas peças escritas por Augusto Boal para o Teatro Experimental do Negro (TEN), buscando recriar poeticamente o período de exílio vivido por Abdias e sua conexão com Boal. Resolvemos citar essas dentre tantas outras performances e ações políticas desenvolvidas pelo coletivo com uma inquietude poética em escavar o passado do presente e olhar a história debaixo das unhas.

    Mãos pretas, punho cerrado e a resistência que se firma no corpo que, ainda cansado das batalhas, precisa lutar. Às vezes gingando a capoeira na mata rasa, outras pintando as palavras no tempo, ou ainda cantando as profecias em alujá e toré, sempre em Legítima Defesa. Os punhos cerrados também são mãos entrelaçadas, assim como se apresenta simbólica e imageticamente o grupo, "tramando" a coletividade da poética e do pensamento em terra estrangeira e originária ao mesmo tempo. A mão preta é trama. Compreendendo que dentro do recorte racial existem várias frentes e lutas, é na trama de nossas mãos entrelaçadas que podemos movimentar as estruturas saturadamente enraizadas, mirando em um futuro coletivo. Vida e lugar.

    Assim, na insistência-teatro, reivindicando os campos estéticos da performatividade e evocando as poéticas das confluências afro-indígenas, o Coletivo Legítima Defesa segue jogando suas centelhas de fogo por onde caminha, mandingas de nossas/os ancestrais na união de favelas, quilombos e aldeias, caminhando para o derretimento do asfalto, como diz nosso mestre Nêgo Bispo.

Nós d'O Bonde desejamos que a leitura deste livro possa te embrasar por dentro e que suscite novos anseios sobre o nosso tempo, que não começou e nem terminará aqui.

As veias abertas dos filhos da terra

RENATA TUPINAMBÁ

Améfrica em 3 atos é um mergulho profundo nas águas do Atlântico, o caminhar em uma retomada ao território dos originários de muitos mundos. A memória é o guia, transcendendo o batismo de um continente chamado de América pela colonialidade. Uma América que nunca foi América, um Brasil que nunca foi Brasil. Pátrias erguidas com o sangue e os corpos dos filhos da terra. Aqui escutamos o grito por liberdade de vozes, os muitos cantos, histórias e estórias.

    A Améfrica Ladina de Lélia Gonzalez foi sua licença poética para revelar experiências de pessoas marcadas por suas origens étnicas e raciais neste continente que sofreu tantas transformações do encontro com os que vieram de diferentes diásporas e migrações, mudando para sempre ambos os continentes. Muitos são os nomes escondidos nos brasis, Pindorama é um, da mesma forma Abya Yala e Mikinoc Waajew provocam a América colonial, os países dentro dela, e abrem reflexão aos outros nomes que as pessoas ignoram quando não respeitam idiomas, povos milenares e tudo aquilo que não nasceu do pensamento ocidental. Améfrica é também sobre existências plurais, abrindo debate para que todos possam pensar rompendo o paradigma americano e suas fronteiras imaginadas.

    Libertar as correntes que prendem corpos e pensamentos além da matéria.

Palavra é encanto, abrigo atemporal da memória. Resistir a um sistema cosmofóbico é necessário. O líder e pensador quilombola Nêgo Bispo alertou sobre a cosmofobia à qual somos sujeitos todos os dias e ao antídoto contra a individualidade: a força da coletividade, as resistências originárias e suas confluências. Em tupi-guarani, *guata* é caminho, que lembra a busca de *yvy marã ey*, a "terra sem males", um *buen vivir*, em kíchwa, língua indígena, o conceito indígena *sumak kawsay*. Formas de ver, sentir, fazer as coisas, modos de viver em equilíbrio com o cosmo que transborda de cada um.

Defender territórios é defender a vida, como lembram constantemente pessoas indígenas, seus líderes, artistas, comunicadores, pensadores, anciãos e anciãs. Apesar dos diferentes processos que os povos e seus descendentes receberam por meio da transmissão oral de saberes, muitas lutas conectam pessoas negras, indígenas e todos os grupos marginalizados por um sistema que combate a pluralidade.

No caso do Território Tupinambá de Olivença, no sul da Bahia, encontramos uma forte história de um povo considerado extinto por anos pelo próprio Estado brasileiro. Eram chamados de Caboclos de Olivença, e conseguiram o reconhecimento étnico novamente. Anciãs e anciões que na década de 1990 organizaram esse levante Tupinambá (como Amotara Tupinambá, "dona Nivalda"), foram os responsáveis diretos por esse reconhecimento, que veio apenas em 2001 pela Funai, possibilitando que diferentes aldeias – como Serra do Padeiro e indígenas em reservas extrativistas na região – se reconhecessem pertencentes ao povo. Os Tupinambá de Olivença e a Aldeia Mãe Itapoã se tornaram uma referência não apenas para pessoas Tupinambá em todo o país, mas também para outros povos lutarem pelo reconhecimento.

O Quilombo dos Palmares e todos os conceitos que nascem dele, resistindo à criação de impérios, dominação, hegemonia, são as chaves para a conexão com as territorialidades e suas coletividades. Aldeia, quilombo, favela, periferia, comunidades tradicionais, acampamentos, ocupações e vários outros são potências cosmopolíticas e o resultado de alianças de matrizes: pensar as fronteiras e movimentos diaspóricos mundiais e entender a contracolonialidade, rompendo conceitos e adequando para o contexto histórico atual.

Aldeias que são quilombos e quilombos que são aldeias trazem novas leituras sobre retomadas. São grupos étnicos que se juntaram pela sobrevivência, suas matrizes se encontram em encruzilhadas diaspóricas e na espiritualidade em suas múltiplas expressões na diversidade desse encontro marcado por momentos fundamentais na história do Brasil e de todo um continente. Ameaçados pelo racismo estrutural, pelo colonialismo e pela intolerância religiosa, trazem consigo cantos de seus ancestrais que jamais vão morrer, mas que se fortalecem com o passar das épocas, fundindo-se em culturas vivas que se transformam como sistemas de manutenção do direito à existência e à vida.

A faixa de Gaza, o *apartheid*, o nazismo, as guerras de nações e os genocídios são episódios na história do mundo em que observamos a limpeza étnica da população, que, até os dias atuais, continuam acontecendo em variados contextos. São um alerta para as batalhas que os povos continuarão enfrentando.

Movimentos artísticos aliados à comunicação e à educação trazem força para conscientizar, acolhem os corpos dissidentes do sistema, da estrutura que todo tempo busca exterminar o papel da encantaria e das artes como caminhos para ferramentas de luta, cura do trauma colonial, espaço de amplificação de vozes, cosmopoéticas de combate ao racismo estrutural.

Carregando a sua identidade, cada um traz as expressões e o pensamento por meio da sua ótica enquanto pessoa de um grupo, cultura ou povo, por isso é impossível pensar em uma única perspectiva, seja eurocêntrica ou voltada a um grupo étnico ou racial: nossas realidades são plurais. Espaços transversais (como o que traz esta obra) nos lembram de como nos proteger do esquecimento, como resgatar, retomando as próprias memórias de origem, carregando dentro de nós mesmos aldeias inteiras, quilombos, comunidades e povos.

Troncos linguísticos, línguas e seus povos preservam formas de pensamento. Tupi, banto, aruak, iorubá, tukano, macro jê, karib, pano e outros carregam em suas famílias ecos que permanecem na eternidade, que podem ser acessados apenas por meio das cosmossensações, do que seus ancestrais deixaram de herança de como ler mundos que não podem ser traduzidos em palavras, apenas experienciados em seus corpos materiais e imateriais.

A ameaça do mercado – atento à força das identidades étnicas e culturais ao fomentar o neoliberalismo identitário, prejudicando os movimentos sociais nascidos de espaços de luta por direitos – vai além de inúmeras tentativas de cooptação, e envolve uma quebra das relações das pessoas com a verdadeira essência de suas culturas para uma relação de consumo com as identidades, e não uma relação de memória ancestral. Busca formar uma aparência social, e não uma confluência.

Vivemos o tempo do agenciamento dos corpos desobedientes que caminham pela diversidade daquilo que são, transbordando modos de existir, fugindo da verticalidade estrutural e da mercantilização da indústria cultural que tenta massificá-los. Armadilhas baseadas no consumismo são muito difundidas pelas redes sociais, realizando apropriações e inversão de saberes para informações que operam numa linguagem que modifica o sentido não apenas das palavras mas da intenção com que são transmitidas ao público. No mercado e na política, ambos não atendem às necessidades das realidades que todos vivem.

Todas as contribuições dramatúrgicas, literárias, poéticas e filosóficas africanas e indígenas, que vêm das bases das resistências, são guias para as próximas gerações, que conseguem fortalecer quem são na contemporaneidade.

O pensador Ailton Krenak e a filósofa Katiúscia Ribeiro afirmam que o futuro é ancestral, pensam esse futuro, que já é o presente junto do passado, e apontam o compromisso da humanidade em *be a good ancestor*, como defendem há muitos anos indígenas do norte do continente. Esse "ser um bom ancestral" aos próximos, ser um bom antepassado, reflete a responsabilidade de uma pessoa originária de qualquer origem, perpetua seu exemplo e sua cosmologia. Em 2013, o *National Native American Heritage Month* [Mês da Herança Indígena Nacional Norte-americana] lançou um vídeo, produzido pela The Seventh Generation Fund, que ficou conhecido, com seus diretores trazendo essa mensagem de ser um bom ancestral.

> Seja um bom ancestral com seus pensamentos. Pensamentos se transformam em ideias. Ideias se tornam ações. Ações se tornam movimentos. Os movimentos se tornam mudança.[1]

Leona Prince e Gabrielle Prince são da Nação Nak'azdli Whut'en e pertencem ao Clã Lhts'umusyoo, no lago Babine, no Canadá, e ambas trazem nesta obra mais atual, em 2022, o conceito indígena do "bom ancestral" para o público jovem.

O desafio de proteger os saberes e valores ancestrais em uma sociedade dominante, que entende esses movimentos sociais e culturais como ameaça, é sem dúvida um ponto forte dessas relações não amigáveis, que hoje estão sendo transformadas também pela força das atuais gerações na busca do protagonismo negado àqueles que foram vistos como objetos do novo mundo desde o período colonial.

Os povos indígenas e africanos possuem formas próprias de identificação no pensamento sobre racialidade e suas limitações quando falamos de etnias – uma vez que, para os povos indígenas, etnia, pertencer a uma identidade, povo, é bem diferente de apenas pensar sobre uma perspectiva de racialidade e questões fenotípicas, o que é tão comum aos afrodescendentes. Isso não

---

1. *Be a good ancestor*. Victoria: Orca Book Publishers, 2022.

acontece apenas pelo contato com o colonizador, mas é uma realidade mundial, pois existem pessoas indígenas de fenótipos que podem ser lidos como de pessoas brancas ou negras. O caso do povo Sami, na região da Escandinávia, é importante para ampliar o entendimento das pessoas sobre as etnias não possuírem um fenótipo padrão, e que a identidade traz com força aquilo que são. No Brasil, temos uma diversidade fenotípica imensa, que ainda confunde pessoas em muitos lugares, quando elas compreendem que nem todas as pessoas indígenas têm cabelos lisos ou um fenótipo amazônico ou andino.

Para o pensador martinicano Édouard Glissant, indígenas e africanos são povos que representam não apenas a diversidade e a riqueza das culturas, mas também a luta constante contra a colonização e a opressão. São povos originários enquanto símbolos da ligação profunda com a terra, sabedoria ancestral e respeito pelas suas tradições. As experiências de resistência e sobrevivência diante da colonização europeia são uma fonte de inspiração: vê-se, nesses povos, a capacidade de preservar identidades e valores em meio à adversidade (mesmo com a escravidão, que também enfrentaram, e a invasão de territórios, dos quais foram obrigados em muitas regiões a fugir, criando novos territórios). Os africanos carregam consigo a memória das terras de onde foram arrancados à força por causa do tráfico transatlântico de escravos; a diáspora africana representa a reconstrução das identidades culturais negras em diferentes contextos e territórios. Indígenas e africanos são protagonistas de uma dinâmica cultural, como agentes de mudança e renovação, contribuindo para a construção de uma sociedade mais justa e inclusiva, em que histórias e lutas devem ser reconhecidas e celebradas como parte fundamental da identidade.

Podemos pensar também sobre os povos ciganos ligados a diferentes etnias e clãs, invisibilizados ao longo da história. Eles carregam consigo uma grande contribuição ao pensamento acerca de seu nomadismo, ausência de pátria e ousadia na diáspora, ao valorizar suas raízes e manter viva a chama das suas culturas, onde quer que estejam no mundo, mesmo com toda discriminação, perseguição e silenciamento a sua população.

Améfrica em 3 atos amplia nossa percepção sobre como este continente passou por transformações e criou caminhos de resistência cultural e identitárias em fusão com outros grupos que aqui estavam ou chegaram, mudando para sempre seus mundos e criando incríveis alianças em defesa da terra.

Améfrica em 3 atos, Coletivo Legítima Defesa. Sesc Pompeia, São Paulo, 2022. Fotografia: Cristina Maranhão.

Améfrica

EUGÊNIO LIMA

O DESEJO

O espetáculo *Améfrica em 3 atos* é, em grande parte, fruto de uma vontade de entender o que foi o Quilombo dos Palmares, mais especificamente, de compreender os significados da aliança entre negros e indígenas que possibilitou a tomada daquele território e, por consequência, a invenção de um mundo comum possível a despeito do sistema escravocrata colonial. Sem a efetivação dessa aliança seria praticamente impossível a formação de Palmares.

É importante dizer que não se tratou de um encontro provisório, mas de um exemplo concreto de um *devir afroindígena*. O conceito de *afroindígena* aqui empregado acompanha as reflexões de Cecília Campello do Amaral Mello (2014) e não se ancora na ideia de raça enquanto expressão de um fenótipo. Menos como teoria e mais como um elemento norteador de nossas reflexões, esse conceito nos moveu em direção a uma imaginação radical sobre os agenciamentos entre negros e indígenas.

A PESQUISA

O desejo de fazer uma imersão nessas questões vem desde a criação do coletivo Legítima Defesa, em 2015, mas se aprofundou em meio ao processo de pesquisa para o nosso primeiro espetáculo teatral, *A missão em fragmentos: 12 cenas de descolonização em*

Legítima Defesa, de 2017, quando chegamos ao conceito de *amefricanidade*, cunhado por Lélia Gonzalez em seu texto clássico "A categoria político-cultural de amefricanidade" (1988).

Amefricanidade se refere às sabedorias das experiências negras e indígenas no continente americano e cria possibilidades para o encontro e a reflexão acerca dessas diferentes trajetórias. Trata-se também de um espaço para outros olhares possíveis sobre a sociedade brasileira. Para nós, o conceito tem vitalidade e irradia o pensamento da autora para outras dimensões.

Ao longo do processo nos deparamos com outro texto clássico do pensamento negro brasileiro, *O quilombismo: documentos de uma militância pan-africanista*, de Abdias Nascimento (1980). O conceito de *quilombismo* foi um catalisador para o nosso coletivo pensar outros mundos possíveis, nas palavras do autor:

> resgatar nossa memória significa resgatarmos a nós mesmos do esquecimento, do nada e da negação, e reafirmarmos a nossa presença ativa na história pan-africana e na realidade universal dos seres humanos.

Assim, o espetáculo *Améfrica em 3 atos* foi gestado paralelamente a um trabalho de investigação teórica do grupo, colocando-se ora em primeiro plano, no centro do debate, ora de modo subliminar, relacionando-se com outros assuntos da pesquisa coletiva, em um movimento pendular.

A nossa proposta era criar um espetáculo-intervenção teatral com uma dramaturgia cênica livremente inspirada no conceito de Lélia Gonzalez. Esse trabalho começou no final de 2019, durante uma residência artística na Casa do Povo, e culminou na curadoria e na realização do ciclo de reflexões *online* "Lélia Gonzalez: uma intelectual amefricana", realizado em 2020 em parceria com a FLUP – Festa Literária das Periferias.

O processo de pesquisa e a imersão do coletivo Legítima Defesa resultou em uma contranarrativa estética e política sobre a história do continente. Uma ação poético-política que buscou construir diálogos entre as trajetórias negras e indígenas e as alianças a partir ds próprios legados. Nesse movimento, foi preciso trazer à tona narrativas soterradas pela herança colonial.

Nosso trabalho busca ser um espaço transversal de criação, reflexão e troca de vivências e experiências para, a partir daí, imaginar um *quilombo amefricano* ou, ainda, *afropindorâmico* – para homenagear o nosso mestre Nêgo Bispo. Um lugar em que o compartilhamento de formas poético-políticas das diversas expressões de negritude, em conjunto com as experiências dos povos originários, possa criar novas abordagens para as representações afropindorâmicas e suas relações com os conhecimentos e práticas que os constituem. O objetivo é transformar o presente por meio do conhecimento das histórias passadas e interditas. Lembrar para transformar.

DIÁLOGOS AMEFRICANOS

Dando sequência ao objetivo proposto, entendemos que era preciso que houvesse encontro, e, por essa razão, como parte do processo de criação do espetáculo, realizamos em 2020 um ciclo de reflexões *online* chamado "Diálogos amefricanos", que contou com a participação de diferentes gerações de lideranças e artistas negros e indígenas. Compartilhando a curadoria dos encontros com a antropóloga Majoí Gongora, organizamos três painéis: o primeiro com a presença do Cacique Babau, liderança do povo Tupinambá da aldeia serra do Padeiro (Terra Indígena Tupinambá de Olivença, Bahia), e de Antônio Bispo dos Santos, liderança do Quilombo do Saco-Curtume (Piauí) – e uma das principais vozes do pensamento quilombola no Brasil; o segundo com Renata Tupinambá, artista, jornalista, curadora e fundadora da Rádio Yandê, e Edivan Fulni-ô, indígena preto (como se autodenomina), nordestino pertencente aos povos Fulni-ô e Pataxó Hã-Hã-Hãe, músico, cantor, compositor e produtor; por fim, o terceiro encontro contou com a presença de

Geni Nuñez, ativista guarani, psicóloga, escritora, mestra em Psicologia Social e doutora em Ciências Humanas, e Naine Terena, ativista, educadora, artista e pesquisadora.

Nosso desejo foi criar um teatro que caminhe em direção à decolonização dos corpos e nos lance a outros devires, unindo elementos, narrativas e presenças das culturas negras e indígenas existentes em solo amefricano e formando um novo léxico político para gerar diálogos em uma terra comum.

O primeiro passo, sem dúvida, seria libertar a *relação afroindígena* da dominação branca e do ofuscamento teórico-ideológico produzido pela presença dessa "variável maior". Seguindo a discussão proposta pelo antropólogo Marcio Goldman, isso significa colocar em prática o que Deleuze denominou "operação de minoração" inspirado nas reflexões de Carmelo Bene (Deleuze e Bene, 1979):

> a subtração da variável majoritária dominante de uma trama faz com que esta possa se desenvolver de um modo completamente diferente, atualizando as virtualidades bloqueadas pela variável dominante e, com isso, permite reescrever toda a trama. (Goldman, 2014)

Nas palavras de Goldman,

> como ficaria o mito das três raças se dele suprimíssemos não o fato histórico, político e intelectual do encontro, mas o vértice *maior* do triângulo, a saber, os *brancos*? Como apareceriam os afros e os indígenas sem este elemento sobrecodificador?[1]

O DESAFIO

É preciso pensar a América sem o branco como elemento sobrecodificador.

Um dos caminhos possíveis, talvez, seja pensar em uma *poética da relação*, como propôs o pensador martinicano Édouard

---

[1]. Marcio Goldman desenvolve essa reflexão em um importante texto publicado originalmente em 2015. Devido à centralidade da discussão proposta e à generosidade do autor, pudemos incorporá-lo a este livro. Confira o último capítulo.

Glissant: pensar o encontro entre negros e indígenas no qual as diferenças não sejam redutíveis umas às outras; uma espécie de rizoma que mantenha viva a identidade e, ao mesmo tempo, aponte relações possíveis fora do projeto colonial.

Obviamente, ancestralidades não são redutíveis, e não se podem reduzir nossas ancestralidades às alianças firmadas como estratégia de sobrevivência ao massacre colonial. Porém, para conceber uma *relação afroindígena* ou um *devir afroindígena* é preciso ultrapassar a ideia de que as alianças foram mais táticas do que concretas. A historiografia oficial reforça esse dado para manter a versão da impossibilidade. A *relação afroindígena* pressupõe buscar outros encontros, pois precisamos abandonar os discursos que reforçam a ideia de que negros e indígenas só se aliaram para enfrentar o extermínio, ou seja, no momento da fuga e da resistência às forças coloniais. Isto é muito pouco para compreender o encontro dessas ancestralidades. Sob esse prisma, a noção de *afroindígena* seria um ponto de partida, e não de chegada. É da ordem da *fabulação crítica*,[2] e não da ordem da construção de identidades de populações indígenas e negras contemporâneas.

RETOMAR

> Se o nosso inimigo é o mesmo, então não há motivos para a nossa luta ser diferente. Cada vez que uma mãe indígena ou uma mãe negra perde um filho, não é somente o coração que chora, mas é o útero que sente a dor. Precisamos entender que, mesmo estando na margem, somos nós que vamos curar o centro, que está adoecido.

2. Fabulação crítica é um conceito formulado pela historiadora Saidiya Hartman. Segundo Kênia Freitas: "Partindo de um processo leitura crítica dos arquivos históricos do Atlântico Negro, Hartman, diante da incontornável e insuportável violência destes arquivos, assume a impossibilidade da representação (que apenas poderia reproduzir e/ou atualizar o processo violento). A historiadora manifesta assim, como alternativa, a necessidade da encenação na pesquisa e interpretação dos arquivos. O que Hartman incorpora ao processo de veridicção histórica é o elemento imaginativo, o subjuntivo do passado, o *e se* – não em um sentido falsificante (ou seja, oposto ao verdadeiro), mas fabulatório (que não pode e não quer ser verificado)".

> Estão mudando os processos de chegada a esse centro, esse lugar do poder, mas nós, mulheres, junto com as mulheres pretas, temos a capacidade de construir outras cheganças.
> O que temos em comum? Somos esse brotar da ancestralidade. Carregamos não somente muitas aldeias dentro de nós, e todas as suas memórias, como carregamos muitas mulheres dentro de nós, porque são forças ancestrais. A memória para mim é pensar entre as vistas. É aquilo que se pode rever e revisitar. Existe a memória nativa e a memória ativa. A memória nativa é a origem dessa ancestralidade que nunca morreu – ela é sementada dentro de nós. A memória ativa é quando falamos sobre o que temos em comum e, se temos algo em comum, é porque decidimos continuar falando disso. Decidimos continuar denunciando e resistindo a esse processo que tenta matar a nossa memória.[3]

Se carregamos muitas aldeias dentro de nós, como diz Célia Xakriabá, cabe lembrar que é preciso também retomar a América a partir de outros pontos de partida. *Abya Yala*, outro modo de designar o continente americano, pode ser traduzido como "terra madura", "terra viva" ou "terra em florescimento", e sua origem remete ao povo Kuna, originário da Serra Nevada (Colômbia) e que vive atualmente em San Blas (Panamá). Trata-se de uma expressão que vem sendo usada pelos povos originários do continente em contraponto à América colonial, e carrega consigo a ideia de unidade e pertencimento. *Mikinoc Waajew*, ou "Ilha da Tartaruga", é outra categoria empregada por alguns povos indígenas no Canadá e nos Estados Unidos para se referir à terra ou à América do Norte, a depender do contexto. Podemos também citar como exemplo *Tsenacommacah*, ou "terra densamente habitada", nome atribuído pela Confederação Powhatan, constituída por mais de trinta nações de povos originários situadas no território que abrange atualmente

---

3. Célia Nunes Correa, também conhecida como Célia Xakriabá, é professora e ativista do povo Xakriabá em Minas Gerais, Brasil. O trecho foi extraído de uma fala de sua autoria, não publicada.

Tidewater, na Virginia, e outras áreas na Costa Oriental dos Estados Unidos. Ao recuperar essas e outras designações, palavras e pensamentos vão sendo decolonizados para, então, escrevermos outras histórias em nossos próprios nomes.

A memória ativa é escrita nos silêncios, é insistir no que partilhamos em comum e pensar a partir das narrativas e conexões entre as populações negras e originárias no território americano, como a interseção entre Améfrica e *Abya Yala*. Se o inimigo é comum, é necessário tomar os encontros como estratégia para estancar os genocídios negros e indígenas, e também como um antídoto contra o racismo. Tais encontros constituem pontos de partida para a consolidação de um novo pacto que não implique no apagamento sistemático criado pelo mito da democracia racial.

CONFLUÊNCIAS AMEFRICANAS

Esta foi a trajetória que forjou o espetáculo *Améfrica em 3 atos*. Esperamos que seja um disparador de imaginações radicais sobre a *Améfrica Abya Yala* contemporânea e as conexões existentes entre os povos originários e os da diáspora negra. É um esforço para reformular a historiografia e mudar a narrativa corrente, colocando-nos como agentes da nossa própria história.

Toda a construção do espetáculo é, em si, parte de um processo de *fabulação crítica* que possibilita a escuta dos silêncios do passado e a emergência das histórias não ditas. Para enfrentar o extermínio, em suas múltiplas dimensões, é necessário rearticular as ancestralidades em outro espaço em comum. É um caminhar rumo ao *Quilombo Amefricano* ou *Afropindorâmico*, ou à *Aldeia da Améfrica*. Como aprendemos com Abdias Nascimento, o Quilombo ou a Aldeia são territórios fraternos e livres.

AMÉFRICA EM 3 ATOS: O ESPETÁCULO

A peça está fundamentada em uma narrativa poético-épico-fantástica criada a partir de três faces da nossa *Améfrica Ladina Indígena Brasileira*, sobre as quais personagens/discursos negros e indígenas se desdobram em contraposição à história colonial oficial do continente amefricano, na qual o retrato do colonizado precede ao do colonizador.

O espetáculo é uma *mixtape* que congrega videoinstalação, música, dança, teatro e performance e tem uma matriz dialética e fragmentada na sua construção dramatúrgica. No *Ato 1: Cicatriz tatuada*, a dramaturgia é de Claudia Schapira; Aldri Anunciação assina o *Ato 2: A retomada*; e o *Ato 3: A tempestade* é de Dione Carlos. Todos em colaboração com o coletivo Legítima Defesa e as vozes aliadas.

A ideia de "confluência na retomada", que surgiu durante o diálogo entre Cacique Babau e Nêgo Bispo, é a própria metáfora do espetáculo. Nossa função é localizá-la num espaço onde se revelam as tensões da sociedade, em que negros e indígenas ainda resistem ao genocídio e ao racismo estrutural, lutam para recuperar a dignidade e a liberdade num sistema colonial que se atualiza constantemente. Para isso, recorremos a múltiplas linguagens artísticas e ao conhecimento das culturas negras e originárias para deslocar o tempo e o espaço e debater as várias estratégias de resistência comuns aos referidos povos.

O espetáculo tem como motivação as relações sociais representadas pelos personagens para, a partir disso, reescrevê-las sob a ótica das teorias pós-coloniais, do conceito de *amefricanidade*, dos fundamentos da negritude e da produção e ocupação indígena no campo hegemônico da arte contemporânea. A presença de negros e indígenas nesses espaços é parte do movimento anticolonial e confronta o território até então privilegiado da branquitude.

Cicatriz Tatuada, Coletivo Legítima Defesa. São Paulo, 2021. Fotografia Still: Matheus Brant.

AMÉFRICA EM 3 ATOS

Prólogo

> A conquista da América pelos europeus foi um espetáculo de sangue e de maravilhas. Um desfile de super aventureiros, tolos e ferozes como aquele ex-pastor de porcos que liquidou sozinho o Império Asteca: Hernán Cortés; ou como o paulista que exibia por toda a parte um colar de orelhas de índios, que hoje tem nome de rodovia: Raposo Tavares.
>
> JOEL RUFINO DOS SANTOS
> *Zumbi*, 1985

Tempos sombrios, que teimam em não passar.
É preciso reescrever, reencenar, recontar;
se não ousarmos reescrever nossa *história*,
o colonialismo não passa e o passado
continuará a impedir o presente.
E assim nunca chegamos de fato ao presente.
Vivemos presos num passado-presente colonial.
Precisamos libertar o futuro.

Ultrapassar:
As políticas da ignorância.
A *história* dos privilégios.
A violência patriarcal.
O colonialismo.
O genocídio.
O racismo.
O esquecimento.

O que chamamos *história* é
uma orquestração de destinos.
Toda *história* é particular.
É preciso criar novas plataformas
para a nossa reinvenção.
Ousar criar narrativas que nos mantenham vivos.
Essa é a *história* da nossa retomada.
Ela começa agora.

Sejam bem-vindes.

Ato 1
Cicatriz tatuada

DRAMATURGIA

Cláudia Schapira

INTERVENÇÃO DRAMATÚRGICA

Coletivo Legítima Defesa e Sandra Nanayna

PERSONAGENS

Anciã indígena
Narradora
Abiku 1
Abiku 2
Avatares negres

> *Em um local imaginário, um grupo de jovens negres encontra uma anciã indígena na porta de um antigo mercado de escravizados. Diante das perguntas, ela resolve contar o que não foi dito sobre o local, sobre o antes, sobre o tempo antes do tempo. Este ato da peça é um filme.*

PRÓLOGO: A MINHA CICATRIZ TATUADA OU OUVIR QUEM VEIO ANTES

ALDEIA

>Só agora que eu comecei a escrever
>a minha aldeia,
>A minha aldeia vive perto de mim,
>A minha aldeia está dentro de mim.
>Fecho os olhos,
>tampo os ouvidos
>e eu escuto a minha aldeia.
>A minha aldeia
>não sai de mim,
>ela é
>a minha cicatriz tatuada.[1]

CANTO DE MAURINETE LIMA

>Vou deixar a casa livre, vou sair pra onde eu quiser.
>Todo o céu de bananeira pra plantar o que vier.
>Quando eu vim lá das Laranjeiras, falta tudo que quiser
>Quando eu vim lá das Laranjas, lá pras bandas da Guiné,
>Saltei corda, marei rios, saltei rios e maré, só pra ver
>   a terra santa dessa deusa d'Guiné
>Vou deixar a casa livre, vou sair pra onde quiser, todo
>   o céu de bananeira pra plantar o que vier.

Brasil, 2017. Uma anciã indígena. Casa Bandeirante. Pela manhã.

1. Maurinete Lima. *Sinhá Rosa*, 2017.

CENA 1

(Voz em off)

NARRADORA — Uma anciã indígena está sentada.
O caminho sugere uma encruzilhada.
Há uma terceira camada longe, ao fundo, a cidade e suas torres, uma *mata* fria e inanimada, emoldurando a cena. Ela está de olhos fechados, como se fosse cega, só que não.

(Fala direto para a câmera)

NARRADORA — Nesta manhã recém-amanhecida
que fareja o chegar das novas correntezas
Passada a ressaca
só nos resta voltar a navegar
... digo que eu não estou indo
eu estou sendo
espero
anfitriã dos caminhos que se cruzam
das porteiras dos tempos que se friccionam
espero
nesta bica de estrada traçada
neste imaginário que podia ser outro
outra encruza
mas é esta
onde eu sou ao mesmo tempo
curandeira e unguento!

(Fecha os olhos como quem se lembra)

CENA 2

(Fala na língua Tukano olhando ao redor)

NARRADORA — A vida é contínuo movimento,
  Nossa vida não para nunca.
  Alguns falam que nos descobriram,
  mas nós existimos aqui desde sempre.
  Eles mentiram ao escrever a história.
  Assim como as estrelas caem no céu,
  nossas vidas caem na terra, na floresta.
  Eles escrevem que descobriram a América.
  Mas é tudo mentira.
  Eles escrevem como ladrões,
  que roubam nossas vidas.
  Mas nossas vidas,
  estão gravadas nas nuvens.
  No papel da boca que reconta que foi mesmo é
  usurpação, invasão, estupro de *corpoalma*.
  Que se é para começar, que seja logo.

CENA 3

Plano com o rosto da atriz olhando fotos antigas.

NARRADORA — O tempo sem tempo
é um tempo longo de espera
Mas não se pode desistir
de permanecer nele
Pois um dia alguém acende
o pavio da memória
acorda o encante
E o encanto se desfaz
de lá pra cá se pode voltar
e de cá pra lá se pode visitar
Num balanço infinito
Num trânsito entre o que é
e o que sequer ainda foi escrito.

(Fecha os olhos como quem se lembra)

CENA 4: IROKO

Plano da árvore-terra. Cantarola baixinho uma ladainha incompreensível. Música na língua Tukano.

NARRADORA — O córrego está logo aqui, sob meus pés.
Dá para ouvir o barulho das águas batendo nas encostas do tempo,
na beira da estrada da história,
que quem escreveu sobre tudo o que se passou
não discorreu sobre o que deveria e não documentou
o que deveras aconteceu.

CENA 5: ARQUIVO

(Fala em Tukano)

NARRADORA — Na história, eles contam que nos descobriram.
Eles contam mentira.
As pessoas que vieram do outro lado conversam com a gente.
Mas ouvem nossas falas como conversa de crianças.
Tinha um tanto de céu acima das nossas cabeças,
que não pensava em cair.

(Canto em Tukano, sem tradução)

NARRADORA — Mas quantas línguas estou falando nas línguas que estou falando? Pergunto.

(Canto em Tukano, sem tradução. Depois, fala em Tukano)

NARRADORA — Quantas línguas vocês estão falando
nas línguas que vocês estão falando?
Conjuro, em quantas línguas se oralizam as memórias.

NARRADORA — Quantas línguas vocês falam até aportar nestas bocas?
Perpassam continentes, pedaços de muitos, muitos, de muitos chãos apagados.

CANTO DE MAURINETE LIMA — *Eu vivo em águas tão profundas,*
Eu vivo em teu querer,
percorro rio e mares,
afundo, em busca do amanhecer.

Tropeço em pedras e em caules,
feneço, só padecer.
Procuro um olhar de perto,
querendo ver o sol nascer.
Eu vivo em águas tão profundas,
eu vivo em teu querer.
Percorro rio e mares,
afundo, em busca do amanhecer.
CANTO DE DORINHA PANKARÁ; CANTO TUKANO; CANTOS MIX — Na mata tem ciência, eu vou mandar chamar.

(Canto para Iemanjá, sem tradução)

NARRADORA — Tão ouvindo?
Chegaram milhões lá do além-mar.

(Canto para Iemanjá, sem tradução)

CENA 6: ABIKU

ABIKU 1 — Para a Cidade do Mar, nasceram três quilombos.
    E será porque mal se fala nesse jeito de habitar um monte que deu tão certo.
    Parecido com o jeito de meu povo, só que dando conta das lidas da terra e das lidas das cidades.

ABIKU 1 & ABIKU 2 — Para a Cidade do Mar, nasceram três quilombos.

ABIKU 2 — Pra além de ter que montar guarda, portar arma e fazer parte do dia a dia, alguém não dormir para ficar de tocaia cerrada.
    Quilombo, terra de passagem, transitório para tudo quanto foi fugitivo de sina, insurgente de vontade e coração.
    Era bonito de se admirar, ver nascer um arraial de boa vida para aqueles que tinham tido sua vida suprimida, que tinham vergado que nem bambu, que sem se quebrar, volta a levantar.

ABIKU 1 — Mas ninguém se comprometeu com esta narrativa. Ficou pra mim essa missiva de fazer jus a tudo quanto e uns daqueles que aqui estão enterrados, nas matas embrenhados, que já falei: quem se encanta não morre jamais.
    Quem tem tutano, atina e faz sua costura fina, entre o que se foi e o que ficou sem revelar. E porque não leram isso nas páginas da escola, é que eu estou aqui.

ABIKU 2 — Incrustado nas veias que pulsam narrativas ocultas.
    Nesse, segurando o céu para não cair, mas que quando de fato chegou a tal alforria pela princesa outorgada e na verdade, à revelia, decretada de papel e assinatura, a tal lei da abolição. E não foi só notícia para inglês ver, não.

Ficou pelas ruas, pelos cantos, pelas esquinas. Um bando de gente livre, sem dinheiro, sem moradia, sem família, sem documento, sem nome de procedência.

ABIKU 1 — Começando um segundo ato na história do escravizamento, que não parou, mesmo que disfarçado, de continuar o seu intento de manter uns na borda da beira da narrativa central desse projeto colonizador supremacista capitalista.

ABIKU 2 — Pro bem bom de uns, tem que ter os que têm que servir, suar, sangrar.

Ficaram repletos os centros, dos ex-quilombistas, agora seres livres e sem nada.

Inseridos à margem da margem, da história, da memória, da cidade.

ABIKU 1 & ABIKU 2 — Pensaram que assim seria, mas assim não foi, nem poderia, se aqui estou contando tamanha iguaria. É porque quilombo é coração que nunca deixou de bater sob a sola dos meus pés.

CANTO DE MARINETE LIMA — *Estou escutando a minha aldeia.*
A minha aldeia
não sai de mim,
ela é
a minha cicatriz tatuada.[1]

---

1. Trecho o poema *Aldeia*, de Maurinete Lima.

CENA 7

(Fala em Tukano)

NARRADORA — Agora chegou a hora da minha partida.
Apresentei tudo o que tinha que ser apresentado.
Falei tudo que eu queria falar.
De tudo que vi nesses anos,
desde quando cheguei aqui.
A remadora e a canoa são parte da mesma vida.
Chegou a hora da minha travessia.
Vou atravessar agora.
A vida é como água,
que corre no rio.
A vida não para nunca e sempre existirá.
A remadora e a canoa são parte da mesma vida.
Nossa vida sempre vai existir.
É como água.
Nossa vida é como água,
que corre no rio,
junto com a floresta.
Nossa vida sempre vai existir.
Corre assim como a água corre no rio.
Nossa vida é mescla de vida terra,
vida floresta.

(Canto em Tukano, sem tradução)

EPÍLOGO

(Fala em Tukano)

NARRADORA — Vejam como são as coisas,
o passado histórico nos angustia.
Porque a história é eterna.
Isso sempre vai ser assim.
O passado presente,
não há como mudar.
Aqui termino.

Vira de costas e sai em direção à mata cantarolando.
Entra na canoa e navega, deita na canoa em meio ao rio.

NARRADORA — Alternância entre essas imagens, de alguma forma entre o corpo e o espírito.

Fim. Maldita casa do caramba.

Améfrica em 3 atos, Coletivo Legítima Defesa. Sesc Pompeia, São Paulo, 2022. Fotografia: Cristina Maranhão.

Ato 2
A retomada

> Todos os brasileiros são ladino-amefricanos: é uma América Africana cuja latinidade, por inexistente, teve trocado o т pelo d para, aí sim, nomear o nosso país com todas as letras: Améfrica Ladina (cuja neurose cultural tem no racismo o seu sintoma por excelência). Nosso olhar se volta para a categoria de amefricanidade. Exatamente porque ela nos permite ultrapassar limitações de caráter territorial, linguístico e ideológico, abrindo novas perspectivas para melhor entendimento dessa parte do mundo onde ela se manifesta: a América como um todo (austral, central, insular e setentrional). Para além desse caráter geográfico, ela designa todo um processo histórico de intensa dinâmica cultural (resistência, acomodação, reinterpretação, criação de novas formas). A presença amefricana constitui marca indelével na elaboração do perfil do chamado Novo Mundo, apesar da denegação racista que habilmente se desloca manifestando-se em diferentes níveis (político-ideológico, socioeconômico e psicocultural). É na chamada América Latina (muito mais ameríndia e africana do que qualquer outra coisa) que essa denegação se torna amplamente verificável como sistema de dominação muito bem estruturado, o racismo aqui demonstra sua eficácia ao veicular noções de *integração, democracia racial, mestiçagem* etc. – esse modo branco de articulação das desigualdades raciais.
>
> *A categoria político-cultural de amefricanidade*
> LÉLIA GONZALEZ, 1988

> A imaginação ficcional não conhece limitações de tempo e de espaço, com frequência, é apenas nos domínios da ficção que a realidade pode ser reconhecida, que o indizível pode ser nomeado.
>
> *O som como emancipação*
> YINA JIMÉNEZ SURIEL, 2021

DRAMATURGIA

Aldri Anunciação

INTERVENÇÃO DRAMATÚRGICA

Coletivo Legítima Defesa e Cláudia Schapira

PERSONAGENS

Narrador
Mulher-Mesa
Frantz Fanon
Lélia Gonzalez
Neusa Santos Sousa
W. E. B. Du Bois
Samora Machel
Socióloga
Atriz 1 (Narradora)
Ator 1
Ator 2
Ator 3
Ator 4
Atriz 5, de teatro desconhecido, em videochamada.
Atriz 6, de teatro desconhecido, em videochamada.
Ator 7, do Theatro Municipal de São Paulo, em videochamada.
Atriz 8, do Theatro São Pedro, em videochamada.
Ator 9, do Teatro Castro Alves, em videochamada.
Atriz 10, do Teatro Cacilda Becker, em videochamada.
Ator 11, do Teatro Arthur Azevedo, em videochamada.

Em meio a uma atmosfera de ficção futurística, um grupo de teatro é surpreendido por uma Medida Provisória do governo brasileiro segundo a qual cidadãos com traços que indiquem ascendência africana devem ser capturados e devolvidos a seus respectivos países de origem, na África. Sob o pretexto de corrigir o erro histórico da escravização de africanos em terras brasileiras, a medida é uma perfeita desmedida, bem ao gosto das distopias: um gesto típico dos totalitarismos, que planifica a vida social sem levar em conta os desejos e as necessidades dos sujeitos a quem se aplicam as decisões. Diante disso, eles e elas decidem invadir um teatro e dar início à retomada Amefricana, uma espécie de invocação/delírio de figuras negras e indígenas históricas, como ato de terrorismo poético. O teatro retomado vira um bunker afropindorâmico, o qual transmite e recebe imagens de outras retomadas que acontecem simultaneamente no Brasil.

CENA 1

NARRADOR — No palco, vemos a imagem de um grande rio formado por corpos humanos.
Ao redor, muitas folhas de arruda, alecrim e capim-santo.

(Fala para a plateia)

NARRADOR — Arruda, alecrim e capim-santo... ela... a grande mulher-mesa, costumava deixar a casa inteira protegida com esses cheiros.

NARRADOR — Em um ato ritualístico, assopra de suas mãos uma espécie de cinza branca que se multiplica magicamente no ar...
As cinzas individuais da mulher-mesa se coletivizam no ar... o rio-humano se desfaz.

(Fala para a plateia)

NARRADOR — Ela se junta agora a eles! Eles foram... mas estão! No passado... no presente... no futuro... e no pós-futuro! E serão convocados sempre que for necessário! Será hoje?

(De repente o palco vazio)

CENA 2

Um palco sem cenário, sem cena. Silêncio abrupto.

BALTHAZAR — *Umoxi nhi curibeta*
Ouh prilicipio yesso kiab curibeta eneh yesso kuijiia kianbote umoxi nhi curibeta.
Kuijiia kiambote ohló prilicipio catouco eheue kuijibuila kiambote on titileri ya umoxi, twatena kuijiia ki yesso twana sala grolupo umoxi plá cubanga ima imoxi plá kucala nny gunzo.
Maca ka ki ari ne umoxi mu mavo eyto? Oh maca umoxi ehua: bantu bosso ba jjiia oh curijuntala ohbangue gunzo.
Bana beiito bahaca mu muto ki zingana baca cucu pla mavo teno kubavutukissa oh ku mavo abo.
Oh macamba yesso twajisa e twamona cari ki o prilicipio eyto ene culala moxi.
Curibeta eki? Curibeta pensamentu ya bantu bosso ya mavo bosso tury um têmbo ya macumr a táno a muvo beibaganhala on gunzo umoxi babangue gueila gipapele guenla pala mavo oshoo ya Guine um Cabo Verde. Bantu babanta ya África. Umoxo plá cubanga ima Umuxi plá kucala nny gunzo yeji thia mesaena.[1]

(Voz em off)

SANDRA NANAYNA — Mas... quantas línguas estou falando nas línguas que estou falando, pergunto...

---

1. Amílcar Cabral, *Unidade e luta*. Guiné, 1960.

Quantas línguas vocês estão falando na língua que vocês estão falando, conjuro...
Em quantas línguas se oralizam as memórias?
Quantos fonemas imbricados
Perpassam continentes
Até aportar nestas bocas,
Pedaço de muitos muitos
De muitos chãos apagados?

CENA 3

MULHER-MESA — Aqui... do alto dos meus séculos, eu observo! Séculos de uma alma que abraça todo o mundo a partir deste momento. É o tempo do universo reinscrito em palavras e vozes! Vozes que ficaram... vozes que ecoam... que informam... vozes que poetizam! Há quem diga que vozes-poesias perpetuam almas e existências... se isso é verdade ou não... não cabe a mim sentenciar! O fato é que aqui estou em um lugar-palco que enfrenta a exigência da verdade e da observação! Um palco-teatro com rótulos-nomes que talvez não vociferem a alma de vocês! Do céu, desce um imenso e veloz rio amarelo... que ao cruzar suas águas com a história... nunca retorna pra sua foz!

MULHER-MESA 2 — Ela sempre ela
Quando a escuridão cobria tudo
E não havia nada de nada
Só o nada
Sobre um quartzo branco
Que Assim ela brilhava
Apareceu sentada
Ela, sempre, ela.
e ali fumou seu tabaco
e mascou mandioca
e ainda pairava o escuro profundo
quando por fim levantou Ela uma esfera
chamou de maloca de mundo
e depois mascou mais tapioca
e fez assim os avós desse mundo
os seres eternos, os irmãos

também desse mundo
que a chamaram de tataravó, a mais antiga dos mundos
Ela sempre ela
a não criada
a que apenas criava
enquanto pensava no mistério
dentro do seu quarto enumerava
as coisas que para criar ela precisava
cuia de ipadu
banco
feito do mais puro quartzo branco
forquilha de segurar cigarrilha
suporte de cuia pra cuia ficar segura
a de ipadu e a de tapioca
tudo coisa pra poder criar
– coisa pouca mas de grande serventia –
o que viria a ser a grande maloca
e de tanto mascar e cuspir suas iguarias
de bola em bola
ainda que escuras
de ser em ser
ainda que eternos
foi por Ela criado
um lugar cheio de camadas.

O rio-humano da cena 1 ressurge... como que protegendo a nossa mulher-mesa à distância.

MULHER-MESA — A distância parece infinita por ser próxima! Próxima estou... estou na frente, nos lados, por baixo e por cima! Quem não me ver, justifica-se pela grande intensidade do ser. Veja... que então me verá! Eu não fui! Eu estou! E a prova disso é este momento aqui e agora em que minha silhueta atravessa retinas! O grande rio que desce do sol... não retorna! Ele retoma!

Retoma e segue imbatível... em longa continuidade... ainda que invisível para alguns olhos! Eu disse alguns! Pois você... você eu sei que me vê! Eu sei!

MULHER-MESA 2 — O tempo sem tempo é um tempo longo de espera
Mas não se pode desistir
de permanecer nele
Pois um dia alguém acende
o pavio da memória
acorda o encante
E o encanto se desfaz
de lá pra cá se pode voltar
e de cá pra lá se pode visitar
Num balanço infinito
Num trânsito entre o que é
e o que sequer ainda foi escrito.

(Fecha os olhos como quem se lembra)

Améfrica em 3 atos, Coletivo Legítima Defesa. Sesc Pompeia, São Paulo, 2022. Fotografia: Cristina Maranhão.

CENA 4: INTERRUPÇÃO I

Mudança abrupta de atmosfera

(Fala para a plateia)

ATRIZ 1 (NARRADORA) — Desculpa interromper esse momento-poesia... mas preciso informar a todos o que se passa lá fora do teatro... Desde o momento em que vocês entraram aqui... e assistiram ao primeiro ato dessa peça! Um rio de acontecimentos corria no nosso mundo real prático lá fora! *Vocês estão ouvindo a minha voz?*

Breve pausa até alguém da plateia responder que o microfone está audível.

CORO — *Aconteceu algo lá fora, um decreto presidencial, uma medida provisória, de interesse público, estamos em risco!*
Alerto muito pra essa escuta! Vocês precisam nos escutar! Pelo menos agora! E alguns de vocês não podem mais sair dessa sala... ainda que sintam vontade!

(Fala para a plateia)

ATRIZ 1 (NARRADORA) — Acabou de ser anunciada uma Medida Provisória do governo brasileiro... e como acabei de dizer algumas pessoas aqui nesta sala a partir deste momento encontram-se juridicamente vulneráveis lá fora!

(Fala para a plateia, gritando)

ATRIZ 2 — Lá fora... pois aqui dentro seremos fortes...

Atriz 1 (Narradora) pega um papel com a redação da Medida Provisória 1888.

(Voz em off)

ATRIZ 1 (NARRADORA) — Calma.

(Fala para a plateia)

ATRIZ 1 (NARRADORA) — Percebam que a Medida Provisória número 1888... é muito clara... nas suas intenções!

(Lê a medida provisória à mão)

ATRIZ 1 (NARRADORA) — Cidadãos com traços e características que lembrem, mesmo que de longe, uma ascendência africana, a partir de hoje, deverão ser capturados e deportados para os países africanos, como medida de correção do erro cometido pela então Colônia Portuguesa, e continuado pelo Império Brasileiro. Erro esse que gerou quatro séculos de trabalhos gratuitos realizados por uma população injustamente transferida de suas terras de origem para a pátria amada brasileira. Com o intuito de reparar esse gravíssimo erro cometido pela União, essa medida prevê a volta desses cidadãos, e de seus descendentes, para terras africanas em caráter de urgência.

Neste exato momento a mulher-mesa cruza o palco em coreografia dançada.

(Fala para a plateia)

MULHER-MESA — Do céu, desce um imenso e veloz rio amarelo... que ao cruzar suas águas com a história... nunca retorna pra sua foz! O grande rio que desce do sol... não retorna! Ele retoma!

(Fala para atores à mesa)

MULHER-MESA — Ele retoma!

(Fala para a plateia)

MULHER-MESA 2 — Do céu, desce um imenso e veloz rio amarelo... que ao cruzar suas águas com a história... nunca retorna pra sua foz! O grande rio que desce do sol... não retorna! Ele retoma!

(Fala para atores à mesa)

MULHER-MESA 2 — Ele retoma!

Novamente em coreografia, a jovem mulher-mesa se levanta, sai do palco.

CENA 5: INTERRUPÇÃO II

>*(De repente surge da plateia uma figura)*

FRANTZ FANON — Vocês estão com medo?
ATOR 2 — Medo?
FRANTZ FANON — Sim!
ATRIZ 1 (NARRADORA) — Não! Não estamos com medo! Estamos apenas alertando nosso público! Tem algo muito estranho sendo tramado lá fora!
FRANTZ FANON — Eu ouvi. Isso está posto! Ficaremos aqui dentro... ao que parece os negros e negras detidos por conta da Medida Provisória serão aqueles que estiverem fora de estabelecimentos e residências! Estamos protegidos... estamos no teatro! Mais precisamente no meio de uma encenação!
ATOR 2 — Uma encenação interrompida!
ATOR 3 — Exatamente! Eles não podem entrar nos lugares e capturar pessoas para serem levadas embora para África! Precisam aguardar que a gente saia dos lugares... casas... prédios... teatros!

>*(Fala para a plateia)*

FRANTZ FANON — Estão vendo... estamos todos confinados! Até que isso se resolva! Estamos protegidos pela interrupção!

>*(Fala para os atores)*

FRANTZ FANON — Não é isso?

(Exaltando)

ATOR 2 — Não estamos entendendo! O senhor não acredita nas barbaridades que estão acontecendo? Vai experimentar sair desta sala e ser capturado?

FRANTZ FANON — Frantz Fanon... faço parte daquelas cinzas sopradas no início deste ato! Eu sou cinzas! E desci até aqui através de um rio amarelo que desceu do sol!

Silêncio sepulcral. Frantz Fanon caminha então até o palco conversando com os atores.

(Fala para todos da sala)

FRANTZ FANON — Deixa eu falar uma coisa pra vocês! A explosão não vai acontecer hoje, não! Ainda é muito cedo... ou tarde demais. Não venho armado de verdades decisivas. Minha consciência não é atravessada por fulgurâncias essenciais. No entanto, com toda a serenidade, penso que seja bom que algumas coisas sejam ditas! E essas coisas, vou dizê-las... não gritá-las.

(Fala para o Ator 2)

FRANTZ FANON — Pois há muito tempo que o grito não faz mais parte de minha vida.

(Fala para si mesmo)

FRANTZ FANON — Faz tanto tempo! Por que eu estou aqui hoje? Ninguém solicitou. Ninguém me pediu! Muito menos aqueles que estão lá fora... e que apoiam essa Medida Provisória que se propõe a fazer o reverso da diáspora... como se o reverso fosse possível! *E então? Então, calmamente, eu digo que há imbecis demais neste mundo. Eu tentei prová-lo através de livros! Sempre na direção de um novo humanismo... de uma compreensão dos homens e mulheres... dos nossos irmãos e irmãs de cor! Aqui de dentro, confinados por uma Medida Provisória expulsiva em atividade em pleno 2022... eu digo que lá fora, de todos os lados, sou assediado por dezenas e centenas de páginas de livros e* posts *de internet que tentam me impor ideias e visões. No entanto, uma só linha seria suficiente... ou somente um* post! *Uma única resposta dada... e o problema do negro e da negra estaria livre de toda essa seriedade! O que quer a mulher? O que quer o homem? E o que querem a mulher e o homem negros?*[1] *Proponho que vocês criem lugares como este aqui... retomem esses espaços-prédios da cidade e os transformem em afro-bunkers potencializados! Rebatizem os nomes desses lugares com nomes que inspirem gerações sobre pessoas como vocês! Convoquem os seus mortos e mortas através do rio amarelo que desce do sol e transformem as cinzas em forças de retomada! Aliás... onde vive a sua aldeia?*

> *Manifesto de retomada, Bunker-Afro-Pindorâmico. A festa se instala no ambiente do teatro como um todo. Narrador surge no meio da festa.*

BALTHAZAR — *Wolongooo nda sukulela, onitetisa salama Salama, salamidee! Wolongo nda sukulela, oniiitetisa! Salama, salamide! Yajajawaleeeee!*

NARRADOR — Se você não sabe o seu nome real, você não pode dar à luz o seu verdadeiro eu. A vida não tem *backup* nem garantia e é vivida para a frente em tempo real apenas. Acredite no que você cria e crie apenas o que você acredita.

> (*Fala para a plateia*)

NARRADOR — Arruda, alecrim e capim-santo... ela... e eles costumavam

---

1. Frantz Fanon, *Pele negra, máscaras brancas*. Salvador: EDUFBA, 2008.

deixar a casa inteira protegida com esses cheiros. Esta sala... agora... está protegida! E sitiada! Tranquem as portas deste teatro! E recebamos as cinzas que descem do rio amarelo que vem do sol!

Festa no ambiente. Todes cantam a capella.

TODES — *Kuntala dimuka,*
Nadambre dimuka,
Mwata dimuka soba,
Ita, ita, kewala,
Bongolô, bongolô, bongololô,
Kufuá, kufuá, kufuá,
Ajúberu mukutu,
Dimuka, dimuka, dimuka!

CENA 6: INTERRUPÇÃO III

Tribunal. Um círculo ao redor de uma enorme árvore gameleira.

MULHER-MESA — Cinzas foram convocadas para esse momento onde julgaremos o jugo! Aqui dentro deste teatro, a partir de agora, as leis que regem o mundo real prático serão julgadas... e a primeira delas é a Medida Provisória 1888 que apregoa a deportação de negros e negras brasileiros para países africanos. Eles não entenderam nada! Confundiram retomada com retorno!

MULHER-MESA 2 — Enquanto alguns apregoam
   que nos descobriram
   nós já estávamos é vivendo de faz tempo
   a despeito do que foi contado e feito.
   Nos pergaminhos macabros
   que nominaram descoberta e América.
   Esconjuro que tamo na labuta por desatar.
   Tá registrado nas paredes do vento
   no papel da boca que reconta
   que foi mesmo é
   usurpação, invasão, estupro de *corpoalma*.
   Que se é pra começar
   que seja logo!

(Da plateia uma mulher surge)

ATOR 1 — Você veio das cinzas através rio amarelo que desce do sol como o Fanon? Ou está retida nesta sala devido à Medida Provisória 1888?

LÉLIA GONZALEZ — Eu fui convocada por vocês pra essa retomada! Não estou sob a ação de uma medida provisória que leva negros e negras brasileiras pra África em pleno século XXI! Lélia! Lélia Gonzalez... sou cinzas do rio amarelo!

ATOR 3 — Dona Lélia Gonzalez!

Silêncio sepulcral. Todos postam-se em reverência a Lélia Gonzalez.

LÉLIA GONZALEZ — Recontar essa história... talvez seja também recriar os fatos sob um novo olhar.

Suspensão. Trecho de texto de Lélia Gonzalez.

Todos os brasileiros são ladino-amefricanos: é uma América Africana cuja latinidade, por inexistente, teve trocado o T pelo D para, aí sim, nomear o nosso país com todas as letras: Améfrica Ladina (cuja neurose cultural tem no racismo o seu sintoma por excelência). Nosso olhar se volta para a categoria de Amefricanidade. Exatamente porque ela nos permite ultrapassar limitações de caráter territorial, linguístico e ideológico, abrindo novas perspectivas para melhor entendimento dessa parte do mundo onde ela se manifesta: a América como um todo (austral, central, insular e setentrional). Para além desse caráter geográfico, ela designa todo um processo histórico de intensa dinâmica cultural (resistência, acomodação, reinterpretação, criação de novas formas). Resgatar uma unidade específica.

A presença amefricana constitui marca indelével na elaboração do perfil do chamado Novo Mundo, apesar da denegação racista que habilmente se desloca manifestando-se em diferentes níveis (político-ideológico, socioeconômico e psicocultural). É na chamada América Latina (muito mais ameríndia e africana do que qualquer outra coisa) que essa denegação se torna amplamente verificável como sistema de dominação muito bem estruturado, o racismo aqui demonstra sua eficácia ao veicular noções de integração, democracia racial, mestiçagem etc. – esse modo branco de articulação das desigualdades raciais.

E foi no interior das novas sociedades que se formaram no Novo Mundo (seja de segregação aberta ou disfarçada) que a amefricanidade floresceu. Já *na época colonial escravista, ela se manifestava nas revoltas, na elaboração de estratégias de resistência cultural, no desenvolvimento de formas alternativas de organização social livre. Um tipo de organização matrifocal, com uma grande valorização das mulheres e participação ativa delas tanto na organização social quanto na preservação e continuidade dessas sociedades. Retomar essa parte da nossa história é necessário. Adotar um olhar novo e criativo no enfoque da formação histórico-cultural do Brasil é absolutamente necessário. Há muitas vozes a serem ouvidas. Eu tô falando há muito tempo.*

ATRIZ 1 (NARRADORA) — Fomos surpreendidos com uma Medida Provisória que nos obriga a ir para África em pleno século XXI. Usaram como argumento justamente as nossas causas... nossos argumentos e desconforto social.

(*Irritado*)

ATOR 2 — Usaram o que fizemos e dissemos contra nós!

LÉLIA GONZALEZ — E onde está a surpresa disso? Esperava-se alguma outra coisa daqueles que estavam viciados em lugares de conforto... já que estamos falando de desconforto social?

ATOR 2 — Mas como eles entenderam tudo errado?

LÉLIA GONZALEZ — Não há mal-entendido algum. Olha... Cabe aqui uma reflexão importante da nossa realidade histórica: para nós amefricanas do Brasil e de outros países da região e também para as ameríndias, a consciência da opressão ocorre antes de tudo por causa da raça. A exploração de classe e discriminação racial constituem a referência básica da luta comum de homens e mulheres amefricanos. *Ameríndias & amefricanas é igual a confluências amefricanas.*

(*Outra mulher surge da plateia.*)

NEUSA SANTOS SOUZA — Isso mesmo. Já que estamos em um teatro, podemos falar com propriedade que a repetição às vezes é necessária! Mas cansa, né?

ATOR 2 — Como se chama?
NEUSA SANTOS SOUZA — Neusa... meu filho! Neusa Santos Souza, e recentemente fui lançada como inédita com um livro da década de 1980!

(Fala para a plateia)

NEUSA SANTOS SOUZA — Olha gente... eu não sou inédita!

(Fala para os atores)

NEUSA SANTOS SOUZA — Nossa memória de uma certa forma está aprisionada... e a convocação de vocês nos liberta. É muito forte tudo isso... é necessário! Muitos desta sala ainda não nos conhecem. Não nos ouviram. Mas a ascensão de vocês neste momento significa que nós lá de trás... os convidamos para agir no presente.

Suspensão. Trecho de texto de Neusa Santos Souza.

O mito é uma fala no discurso verbal ou visual, uma forma de comunicação sobre qualquer objeto, coisa, comunicação ou pessoa, mas o mito não é uma fala qualquer, ele é uma fala que objetiva escamotear o real, produzir o ilusório, negar a história e transformá-la em natureza. Ele é o instrumento formal da ideologia, o mito neste sentido é um efeito social. O mito do negro é, portanto, uma das variáveis que produz a singularidade do problema do negro/ negra. Incrustado em nossa formação social, matriz constitutiva do superego de pais/ mães e filhos/ filhas, o mito do negro, na plenitude de sua contingência, se impõe como desafio a todo negro/ negra que recusa o destino da submissão. Como Édipo se encontra frente a frente com a esfinge e seu enigma: é vital apoderar-se do conhecimento, desvendar a resposta e assim destruir o inimigo e seguir em frente. Obviamente cabe aos negros e aos não negros conseguir este intento, mesmo porque o mito negro é feito de fantasmas compartilhados por ambos. Entretanto, enquanto objeto da opressão, cabe ao negro/ negra e aos povos indígenas a vanguarda dessa luta. Assumindo o lugar de sujeito ativo na conquista de uma real libertação.

Silêncio sepulcral. Neste momento, o silêncio é quebrado por batidas agressivas vindas da porta de entrada do teatro. Sonoridades de guerra. Notícias, pandemia, pobreza, fome, guerra da Ucrânia.

NARRADOR — E então, a burguesia é despertada por um tremendo choque. Surpresa e indignação. E as pessoas dizem: Mas é o nazismo, vai passar! E esperam e esperam; e se mantêm caladas diante da verdade, que é uma barbárie, mas a barbárie suprema, aquilo que coroa, aquilo que resume o caráter cotidiano das barbáries que é o nazismo, porém, antes de serem suas vítimas foram seus cúmplices, que esse nazismo, toleraram antes de sofrê-lo, fecharam seus olhos e o legitimaram, porque, até então, havia sido aplicado aos povos não europeus.

Valeria a pena estudar, clinicamente, em detalhes os passos de Hitler e do hitlerismo e revelar ao burguês muito distinto, muito humanista e muito cristão do século XX (e XXI) que ele carrega consigo um Hitler sem saber, que Hitler vive nele, que Hitler é seu demônio.

No fundo, o que ele não perdoa em Hitler não é o crime em si, o crime contra o homem (*a humanidade*), não é a humilhação do homem (*da humanidade*) em si. É o crime contra o homem branco, é a humilhação do homem branco, é de haver aplicado à Europa os procedimentos colonialistas que atingiam até então apenas os árabes da Argélia, os *coolies* da Índia, os negros de África e os povos originários das Américas. Essa é a grande acusação que eu dirijo ao pseudo-humanismo.[1]

Faz-se silêncio. Todos na expectativa: se as forças de fora vão conseguir entrar no teatro. Depois de um tempo, percebe-se que não estão mais tentando arrombar a porta. Fanon se aproxima de Lélia Gonzalez e Neusa Santos Souza.

1. Aimé Césaire, *Discurso sobre o colonialismo*, 1950.

(*Falam para os atores*)

LÉLIA GONZALEZ — Compreendemos a requisição de vocês... mas o que mais podemos fazer pra ajudar?

NEUSA SANTOS SOUZA — Essa convocação é legítima... mas existe algo que não podemos evitar.

FRANTZ FANON — Que é falarmos e enfrentarmos o nosso tempo! O tempo de vocês reclama ações do seu tempo.

LÉLIA GONZALEZ — *Todo problema humano exige ser considerado a partir do tempo. O ideal seria que o presente sempre servisse para construir o futuro.*[2]

FRANTZ FANON — E esse futuro não é o do cosmos, mas sim o do seu século, do seu país, da sua existência. Pertencemos irredutivelmente à nossa época. E é para ela que devemos viver. O futuro deve ser uma construção constante do ser humano existente.

NEUSA SANTOS SOUZA — Vocês precisam retomar esses lugares... esses prédios! Vocês precisam retomar o futuro.

FRANTZ FANON — Reparem isso!

> *Fanon aponta para uma enorme projeção de uma videochamada que se desdobra em diversas outras videochamadas em sequência em teatros diversos pelo Brasil contemplando um mesmo texto, como que manifesto. Atriz 5 surge em telão, videochamada.*

(*Em vídeo*)

ATRIZ 5 — Sequestramos os territórios-prédios de todos os teatros do Brasil logo após o anúncio da Medida Provisória! Este é um vídeo para as instâncias oficiais... onde comunicamos que o nosso

---

2. Referência ao pensamento de Frantz Fanon.

elemento de nêgociação é a nominação dos teatros. Faremos morada nesses lugares... e rebatizaremos os prédios.

(Em vídeo)

ATOR 7 — Neste momento, estou aqui com minha trupe no Theatro Municipal de São Paulo, que passará a se chamar agora... Theatro Municipal Elza Soares. Ela inclusive desceu o rio amarelo vindo do sol... e está com a gente neste momento lá na sala.

(Em vídeo)

ATRIZ 8 — Aqui em Porto Alegre, o sitiado Theatro São Pedro... se chamará Theatro Luiza Bairros!

(Em vídeo)

ATOR 9 — Em Salvador, o Teatro Castro Alves... se chama Teatro Luiza Mahin!

(Em vídeo)

ATRIZ 10 — Teatro Cacilda Becker no Rio de Janeiro retoma-se como Teatro Ruth de Souza!!! E estamos em resistência aqui dentro... policiais nos esperam lá fora para aplicar a expulsão do país por conta da Medida Provisória!

(Em vídeo)

ATOR 11 — Aqui em São Luís do Maranhão, eles tentaram arrombar a entrada do Theatro Arthur Azevedo que agora se chama Theatro Maria Firmina dos Reis!

ATRIZ 5 — Essa ação não é pontual... vários grupos estão em outros teatros no Brasil... onde negros e negras fazem morada e guarida para se protegerem da Medida Provisória 1888. Esse espaço é nosso... quem disse que não era?

(Vídeo começa a dar sinal de mau contato.)

ATRIZ 5 — Quem disse que não era? Quem foi...

Simultaneamente ao som distorcido do mau sinal da última videochamada que se interrompe, ouvimos de modo ludicamente ampliado a porta do teatro se abrir. Todos entram em expectativa pra saber o que irá entrar no teatro.

NARRADOR — *Eu tenho algo a dizer*
E explicar pra vocês
mas não garanto porém
que engraçado eu serei desta vez
Racionais MC's, *Voz ativa*.

Eu sou Gilberto Costa
E esta é uma convocatória para todes es negres e indígenas do mundo.

Este é um ato de guerrilha estética, de terrorismo poético, que surge da impossibilidade, surge da restrição, surge da necessidade de defender a existência, a vida e a poética.

Portanto, hoje,
Nós sequestramos este teatro.
Repito, este é um ato de *terrorismo poético*.
E faz parte da nossa reintegração ancestral.
A partir de hoje este teatro se chama Lélia Gonzalez.
Convoco neste momento os povos da diáspora negra em confluência com os povos originários a ocuparem todos os espaços culturais do país.

Ser épico é mais que olhar o momento histórico.
É olhá-lo num instante de perigo.
Estar em relação é estar em risco.
Se não nos movermos – juntes – teremos apenas um futuro hostil, num planeta corroído pelo racismo, pelo capitalismo e pela emergência climática, criado por um modo de produção incompatível com a vida.
É urgente e necessário um processo de imaginação radical.
A nossa retomada é uma oração.
E começa agora.

Suspensão. Pergunta-ação para a plateia sobre qual é o papel da branquitude na retomada.

CENA 7: INTERRUPÇÃO IV

Olham na mesma direção daquele que seria o principal acesso ao teatro retomado. Silêncio. De repente entra em cena o Ator 4. Muito cansado... resfolegante como se tivesse corrido quilômetros em fuga. Abertura do portal sonoro.

ATOR 4 — Eu não desci o rio amarelo que vem do sol... e lá fora... a Medida Provisória começou a valer a partir de zero hora de hoje. Eu estava no bar com o pessoal... os policiais apareceram com uma cópia digital no celular da Medida Provisória... printada na tela... com assinatura do presidente...

Vídeo: metalinguagem da peça dentro da peça, vídeo da peça Namíbia não.

ATOR 4 — Eles foram gentis a princípio... e pediram pra eu acompanhar até a delegacia.

ATOR 2 — Delegacia?

ATOR 4 — Na delegacia eu tive uma conversa com uma socióloga... A socióloga[1] me apresentou um catálogo com opções de países africanos para onde eu poderia ser enviado... Ela me aconselhou a escolher o país de onde minha família veio, supondo que eu soubesse meu país africano de origem. Com certeza que ela nunca ouviu falar do despacho assinado por Ruy Barbosa, em

---

1. Referência ao pensamento de Clóvis Moura em *A sociologia do negro brasileiro*.

1890, mandando queimar todos os documentos que tratavam da escravidão no Brasil. E dizia que a República *era obrigada a destruir esses vestígios por honra da pátria*. Pátria?[2]

ATRIZ 1 (NARRADORA) — E você escolheu qual?

ATOR 4 — Nenhum! Desde quando sabemos onde estão nossos supostos familiares africanos? Eu não sabia o que dizer...

(Assustado)

ATOR 4 — Ela me pressionou!

Atriz que performa a socióloga: de um canto distante do palco, uma atriz performa a socióloga em memória.

SOCIÓLOGA — Como você não sabe de onde vieram suas tataravós escravizadas? Vocês têm obrigação de saber a origem de vocês!!! Não é assim que funciona entre vocês?! A origem! Questão cultural!!

ATRIZ 1 (NARRADORA) — Ela disse isso?

ATOR 4 — Sim. Eu fiquei em silêncio.

(Silêncio)

ATOR 4 — De repente, aleatoriamente, ela resolveu sugerir um país.

(Pensativa)

SOCIÓLOGA — Então... eu vou te enviar... pra Namíbia!

2. Em dezembro de 1890, menos de dois anos após a abolição da escravatura, o então ministro da Fazenda da República, Ruy Barbosa, assinou um despacho oficial ordenando que toda documentação relativa à escravidão fosse enviada ao então Distrito Federal para ser destruída. No texto, Ruy Barbosa dizia que ordenava a destruição porque a "República era obrigada a destruir esses vestígios por honra da pátria e em homenagem aos deveres de fraternidade e solidariedade para com a grande massa de cidadãos que com a abolição do elemento civil entraram na comunidade brasileira".

Atriz que performa a socióloga: socióloga some do canto distante do palco.

(Desesperado)

ATOR 4 — *Não! Não! Namíbia, Não! Esse país foi colonizado por alemães. Nada contra os alemães, mas eu não falo alemão! Pelo amor de Deus! Não faça isso!*
Quando eu disse que não falava alemão... todos riram muito da minha cara! Na verdade, eles nem sabiam que se falava alemão na Namíbia... Começaram a rir... riam muito. Depois... começaram a gargalhar. Gargalhavam descontroladamente de mim.

ATRIZ 1 (NARRADORA) — E o que você fez?

ATOR 4 — Naquela confusão toda, eu percebi que somente eu estava lúcido! Estavam numa espécie de euforia, tamanho era o prazer que eles tinham naquela situação! Então eu aproveitei aquela euforia... e fugi!

Estética de fuga.[3]

(Correndo)

ATOR 4 — *Fugi, fugi, fugi!* Estava correndo tão rápido... tão rápido e desesperado... que eles não conseguiam me ver... eles não me viam! Eles não me viam! Engraçado? Eles não me viram! Eles nunca nos viram! Eu estava invisível.
De modo que consegui chegar até aqui no teatro... pra encontrar vocês... atores e atrizes! Pra nossa retomada! Estamos em 2022, não é? É o ano da retomada!

Abertura do portal sonoro. Noticiário e outras referências. O furioso som que vem de fora.

---

3. Referência à estética de fuga do pensador Fred Moten.

ATOR 2 — Os elefantes! São os elefantes!

NARRADOR — Nesse momento uma manada de elefantes invade a cidade de São Paulo destruindo as ruas, derrubando os postes, ninguém sabe de onde vieram os elefantes. Barridos de elefantes invadem o ambiente causando um transtorno coreografado de movimento.

(Todos dançam os elefantes)

Améfrica em 3 atos, Coletivo Legítima Defesa. Sesc Pompeia, São Paulo, 2022. Fotografia: Cristina Maranhão.

CENA 8: INTERRUPÇÃO V

Todes es atores e atrizes falam o texto enquanto dançam. Quem tem a palavra usa o microfone e sobe nas plataformas/ cubos e observa a dança através de lúdicas janelas e narra o que ocorre fora do teatro. Assustam-se com o que veem.

(Rindo)

ATRIZ — Uma vez eu tive um sonho! E era um salto alto... salto alto plataforma assim. E eu girava... girava assim... e assim. Uma loucura! Olha... aqui deste teatro... eu percebo que voltamos!

(Feliz)

ATOR — Acho que já estamos na África! Retomamos tudo... e estamos na África!
ATRIZ — Qual África?
ATOR — Este é o sinal!!!
ATRIZ — O sinal dos tempos! Você já ouviu falar do ciclo de duzentos e quarenta milhões de anos?

Sai a sonoridade dos elefantes em fúria.

(Olhando os elefantes pela janela)

ATOR 4 (W. E. B. DU BOIS) — *Pouco antes do meio-dia, a destruição do mundo lhe concederá a chance de ser um humano como os outros homens. O brilho do estranho e a música em tom menor produzidos pelo colapso da ordem, pela catástrofe, vão oferecer a promessa da vida negra incontestável.*[1] O sistema solar está completando o último giro em torno da galáxia. Estamos finalizando um ciclo, Fanon! Tudo o que acontece hoje tem a ver com a finalização desses duzentos e quarenta milhões de anos! O aquecimento global, o derretimento das calotas de gelo, as quedas dos Airbus nos Oceanos, os ataques terroristas e antissemitas, a pandemia, a Covid-19, as vacinas, os negacionistas, os terremotos no Haiti e no Chile. A menina jogada da janela do edifício pelo próprio pai. A morte de George Floyd, de Breona Taylor... de Eric Garney! Lá na Bahia há notícias de uma cadela que pariu um rato... um rato, Lélia! O óleo de petróleo espalhado pelas praias do Nordeste brasileiro!

(Olha pro céu)

ATOR 4 (W. E. B. DU BOIS) — A flatulência dos gados nos pastos está provocando o efeito estufa... Você sabia disso, Neusa? Tem metanol no peido das vacas. Metanol! A Medida Provisória 1888! Uma loucura! Deve ser essa finalização de ciclo. É uma finalização de ciclo!

(Olha pela janela)

ATOR 4 (W. E. B. DU BOIS) — É isso aí!

(Impaciente)

ATRIZ — Isso aí o quê?
ATOR — A África... Vindo até a gente!

---

1. W. E. B. Du Bois, *O cometa*, 1920.

ATRIZ — Os dois continentes se juntando? É isso?! Duas placas terrestres que se separaram milhões de anos atrás se reaproximando? Você está falando de reaproximação? Quem está se reaproximando de quem?

(Som mais alto de elefantes invadindo a cidade.)

Suspensão. Balthazar cita o nome do continente africano.

Em várias línguas africanas, atores e atrizes dizem os nomes do continente americano e dos povos originários. Neste momento, Frantz Fanon, Lélia Gonzalez e Neusa Santos Souza, a Mulher-Mesa e o Narrador sobem nas plataformas e observam as janelas lúdicas que mostram o que acontece lá fora. Subitamente, os barridos da manada de elefantes somem. Silêncio se instala no teatro sitiado.

FRANTZ FANON, NEUSA SANTOS SOUZA E LÉLIA GONZALEZ — Não parece... mas é um barulho enorme! A retomada está em curso! E aquelas cinzas que vieram do rio Amarelo vindo do sol... da qual fazemos parte, se juntam a uma vontade nova e coletiva de restauração!

(Fanon olha pra Lélia, Neusa, Narrador e Mulher-Mesa)

FRANTZ FANON, NEUSA SANTOS SOUZA E LÉLIA GONZALEZ — Ouçam...
Se a gente fizer a pergunta: O que nos falta? Eu diria que é tempo. As pessoas estão constantemente falando que a luta contra a Covid-19 é uma luta contra o tempo. A luta da violência contra as mulheres é uma luta contra o tempo. A luta contra o fascismo é contra o tempo. A luta contra as queimadas, o desmatamento, as mudanças climáticas, é uma luta contra o tempo. A luta pela descolonização do pensamento é uma luta contra o tempo. A luta contra o racismo e a necropolítica é certamente uma luta contra o tempo. Muito mais do que pensar numa luta contra

o tempo, o que nos falta é repensar. Ou ainda, nos falta a retomada do tempo. Só quem tem tempo, tem liberdade. Quem não tem tempo, está aprisionado. Meu pai me disse que, para comprar o seu primeiro relógio, teve que produzir dois mil tijolos de adobe, mas depois de ter o relógio, não teve mais tempo. Se fôssemos perguntar a um grupo de pessoas se elas têm relógio, certamente todo mundo teria. Mas quantas pessoas têm tempo?

Então, o que nos falta é retomar os re-positivos. Todo mundo fica reproduzindo o re-negativo, que é o re do retrocesso. Mas existe, urgentemente, a retomada, o re do retomar, do re-encantar, reconectar. O re do reencantamento e do ressentimentar da vida. É isso que precisamos reativar.

Se o nosso inimigo é o mesmo, então não tem por que a nossa luta ser diferente. Cada vez que uma mãe indígena ou uma mãe negra perde um filho, não é somente o coração que chora, mas é o útero que sente a dor. Precisamos entender que mesmo estando na margem, somos nós que vamos curar o centro, que está adoecido. Estão mudando os processos de chegada a esse centro, esse lugar do poder, mas nós mulheres, juntas com as mulheres pretas, temos a capacidade de construir outras chegranças. A memória nativa é a origem dessa ancestralidade que nunca morreu – ela é sementada dentro de nós. A memória ativa é quando falamos sobre o que temos em comum e, se temos algo em comum, é porque decidimos continuar falando disso. Decidimos continuar denunciando e resistindo a esse processo que tenta matar a nossa memória.

Não há céu sem território. Só faz a retomada de consciência quem não perdeu a conexão com o planeta.[2]

> Silêncio. De repente a fumaça cinza volta a tomar conta do ambiente. Todos observam a fumaça cinza. Sonoridades de guerra/ homens-leis retornam, invadem o ambiente como que em toque de guerra contra o rio amarelo.

NARRADOR — ... Onde nós estamos?

---

2. Texto livremente inspirado em fala de Célia Xakriabá.

Entrada de Samora Machel. África, Moçambique, 1975.

SAMORA MACHEL — Meu nome é... Samora Machel... Eu sou cinzas! E cheguei até aqui através de um rio amarelo que desceu do sol! Por que ainda é preciso lembrar...
Não se pergunta a um escravo se ele quer ser livre.
Não sei se um ambicioso muda, mas a minha experiência prova que não. Muda de tática, mas não elimina a ambição.
É capaz de tudo, vender a pátria, vender a revolução, destruir e impedir o progresso do país só por causa da sua ambição.
O poder, as facilidades que rodeiam os governantes, pode corromper facilmente o homem mais firme.
Não queremos isso aqui, não há lugar para exploradores aqui. Preto ou branco, não pode explorar o povo.
Uns sentem-se orgulhosos, porque foram colonizados pelos ingleses, porque os ingleses são civilizados e constituíram um grande império, e outros porque foram colonizados pelos franceses, e pensam que intelectualmente são mais desenvolvidos, mais civilizados e mais evoluídos, porque foram colonizados pelos franceses. Eu fui colonizado pelos portugueses, o país mais subdesenvolvido da Europa. Mas o colonialismo é um crime contra a humanidade. Não há colonialismo humano, não há colonialismo democrático, não há colonialismo não explorador.
A luta continua... contra o quê? Contra o analfabetismo, contra a ignorância, contra o tribalismo, contra os pés descalços, contra a exploração do homem pelo homem, contra a superstição, contra a miséria, contra a fome. A luta continua para que sejamos todos iguais.
A coisa mais bela que há na vida é um ser humano viver livre, é viver independente. Há calamidades cujo fim podemos prever, outras são imprevisíveis.

Enquanto o Samora Machel sentencia a pré-revolução

da retomada, a Mulher-Mesa dança. Inicia uma movimentação coreografada e lenta sob a sonoridade xhosa que abraça a cena durante a dança, o Narrador fala.

NARRADOR — Em que consiste o legado daqueles que foram, mas estão? Qual a medida da eternidade das cinzas? Qual a materialidade de suas vozes? E qual a perene visibilidade possível das suas peles? Das suas cinzas? Quais são os olhos que conseguem ver o que esta herança nos deixou?

MULHER-MESA — Aqui estamos... pra vocês! Sei que a fome de seus olhares já mastiga a nossa imagem, e eu... que nem vocês... também me sacio e me alimento da minha própria presença. Pois não há alimento mais rico... do que os atores e atrizes sitiando e retomando teatros pra seus famintos espectadores. E nesse pré-combate com os homens-leis lá de fora, eu me alimento da minha própria imagem-carne desta cena...

(Rindo)

MULHER-MESA — A minha herança não é sua... é nossa! E agora eu consigo ver o caudaloso e furioso rio amarelo que desce do sol e que nos trouxe em cinzas... libertando a nossa memória!

MULHER-MESA 2 — O rio luminoso e amarelo com nossas cinzas mais amadas... dissolve toda invisibilidade que há na terra! E eu consigo ver... os elefantes, os homens e as leis! Eu vejo os elefantes se banhando em um rio de sol! E você? Você consegue me ver?

Musicalidade intensifica-se com um grito da Mulher-Mesa que aciona o rio humano em direção à porta de entrada do teatro e explode em combate de retomada e dissolução da Medida Provisória 1888. Fim do segundo ato.

Ato 3
A tempestade

DRAMATURGIA

Dione Carlos[1]

INTERVENÇÃO DRAMATÚRGICA

Coletivo Legítima Defesa e Luã Apyká

PERSONAGENS

Exu narrador
Sycorax 1 (Iyami)
Sycorax 2 (Iyami)
Sycorax 3 (Iyami)
Ariel
Calibã
Próspero
Mestre de Cerimônias
Marinheiro 1
Marinheiro 2

> *Em um portal para outra dimensão, viajam no tempo até a Ilha Brasil, em 1535. Chegada do primeiro navio negreiro em Pernambuco. Um Exu Narrador aponta as falhas dessa história.*

1. Livremente inspirada em *A tempestade* de William Shakespeare (1611) e *Uma tempestade* de Aimé Césaire (1969).

CALIBÃ E A BRUXA

NARRADOR — Com frequência, é apenas nos domínios da ficção que a realidade pode ser reconhecida, que o indizível pode ser nomeado. A história que vou apresentar pode ser resumida na referência a *Calibã e a bruxa*, personagens de *A tempestade*. É pé de breque, vai pensando que tá bom...
Vamos à cena. Brasil, 1535. Chegada do primeiro navio negreiro em Pernambuco. No século XVI, emergia em todos os campos das regiões da Europa Ocidental mais afetadas pela Reforma Protestante e pelo surgimento da burguesia mercantil – no palco, no púlpito, na imaginação política e filosófica –, um novo conceito de pessoa.

Sua encarnação ideal é Próspero, de Shakespeare, em *A tempestade* (1611), que combina a espiritualidade celestial de Ariel e a materialidade brutal de Calibã. Porém, sua figura demonstra certa ansiedade sobre o suposto equilíbrio que se havia alcançado – o que impossibilita qualquer orgulho pela posição especial do *homem* na ordem dos seres.

Ao derrotar Calibã, Próspero teve que admitir que *este ser de trevas é meu*, recordando assim que, sendo humano, é verdadeiramente problemático que sejamos ao mesmo tempo o anjo e a besta.

Próspero é um *homem novo*. Contudo, na ilha de seu exílio, suas atividades prefiguram uma nova ordem mundial, na qual o poder não se ganha com uma varinha mágica, e sim por meio da escravidão de muitos, muitos, muitos, muitos Calibãs em colônias distantes.

O tratamento explorador de Próspero para com Calibã antecipa o papel do futuro senhor de *plantation*, que não poupará torturas e tormentas para forçar os subordinados a trabalhar. Ao longo do tempo, assim como Próspero, a burguesia teve que reconhecer que *este ser de trevas é meu*, isto é, que Calibã era parte dela mesma. Nesse intento obsessivo por conquistar o corpo em seus mais íntimos segredos, se vê refletida a mesma paixão com que, nesses mesmos anos, a burguesia tratou de conquistar – ou, melhor, *colonizar* – esse ser alheio, perigoso e improdutivo que, a seus olhos, era o proletariado: os pretos, os pobres, os pardos, os indígenas, as mulheres – pois o proletariado era o Grande Calibã da época. Como Calibã, o proletariado personificava os *humores enfermos* que se escondiam no corpo social, começando pelos monstros repugnantes da vagabundagem e do alcoolismo.

Calibã e a bruxa são símbolos de resistência dos negros escravizados e dos índios americanos à colonização.

Na verdade, a bruxa Sycorax não entrou no imaginário revolucionário latino-americano do mesmo modo que Calibã, ela permanece invisível. Durante muito tempo, o mesmo ocorreu com a luta das mulheres contra a colonização. Já em relação a Calibã, o que ele defendeu ficou expresso em meio ao tempo.

(*Em discurso*)

VOZ 1 — Nosso símbolo não é, então, Ariel [...], mas Calibã. Isso é algo que nós, os amefricanos que vivem nas mesmas ilhas em que viveu Calibã, vemos com particular nitidez. Próspero invadiu as ilhas, matou nossos ancestrais, escravizou Calibã e ensinou-lhe seu idioma para se comunicar com ele. O que mais pode fazer Calibã senão utilizar este mesmo idioma para maldizê-lo? Atualmente, ele não possui outro [...] Desde Túpac Amaru [...] Toussaint L' Ouverture, Simón Bolívar [...] José Martí [...] Malcom x [...] Che Guevara [...] Frantz Fanon [...] – qual é a nossa história, qual é a nossa cultura, senão a história e a cultura de Calibã?

NARRADOR — Próspero e Calibã nos proporcionam uma poderosa metáfora do colonialismo.

Porém, é irônico que seja Calibã – e não sua mãe, a bruxa Sycorax – quem os revolucionários latino-americanos tomaram depois como símbolo da resistência à colonização.

Calibã só pôde lutar contra seu senhor insultando-o na linguagem que havia aprendido com ele próprio, fazendo com que sua rebelião dependesse das *ferramentas do senhor*. Ele também pôde ser enganado quando o fizeram crer que sua libertação chegaria por meio de um estupro e da iniciativa de alguns proletários oportunistas brancos transladados ao Novo Mundo, a quem ele adorava como se fossem deuses. Em contraposição, Sycorax, uma bruxa *tão poderosa que dominava a lua e provocava os fluxos e refluxos*, pode ter ensinado seu filho a apreciar os poderes locais – a terra, as águas, as árvores, os *tesouros da natureza* – e os laços comunais que, durante séculos de sofrimento, continuam nutrindo a luta pela libertação até o dia de hoje, e que habitavam, como uma promessa, a imaginação de Calibã.[2]

OS MORTOS NOS CONCLAMAM A LEMBRAR...

Alguns de nós não abandonaram esses ensinamentos. Ouvimos a voz do nosso passado africano insistindo para que nos lembremos de que "um povo sem ancestrais é como uma árvore sem raízes". Vamos lembrar, então, que, no início desse encontro, indígenas e africanos eram diferentes, mas Um, parte da mesma família neste mundo. Nós sabemos disso.

Os africanos que se aventuraram para o *Novo Mundo* antes de Colombo reconheceram seu destino comum com os povos nativos que lhe deram abrigo e um lugar para descansar. Não vieram para comandar, tomar, dominar ou colonizar. Não ansiavam por cortar seus laços com a memória, não haviam esquecido seus ancestrais.

Dentro de mundos em mudança, a celebração da história compartilhada entre afro-americanos e americanos nativos terá um impacto duradouro apenas se estiver ligada a esforços para construir e manter uma solidariedade política contínua.

Nós afirmamos os laços do passado e os vínculos do presente quando reaprendemos nossa história e nutrimos a sensibilidade compartilhada, ligando esses gestos à luta de resistência, a um movimento de libertação que busca erradicar a dominação e transformar a sociedade.

2. Texto livremente inspirado em *Calibã e a bruxa: mulheres, corpo e acumulação primitiva*, de Silvia Federici. São Paulo: Editora Elefante, 2017.

A nostalgia por uma parte perdida de nós é inútil se ela nos paralisa e nos mantém tão aprisionados na memória do luto que não conseguimos nos envolver na luta ativa.
Precisamos agir, os nossos mortos nos conclamam a lembrar.[3]

A TEMPESTADE, A PEÇA

ORIKI DE SANGO ORÓGBÓ REE
O Orógbó é cordial (é bom) para você, Rei que não se enforcou
ORÓGBÓ REE
Orógbó é cordial (é bom) para você
OGBO TEMI DI OGBO AGBO DI WORA
Me escute e transforme o que você escuta em cura
OGBO SÒNGÓ, OGBO OBÁ
Me escute Sòngó, escute-me Rei
O DOGBO ONI DOGBO AGBOLANPAPA
Escute o Agbolanpapa
AGBOLANPAPA NI TOPE
Agbolanpapa é da palmeira
AGBOLANPAPA NI TAGBON OMIDUN
Agbolanpapa é do coco que tem água doce
AGBOLANPAPA NI TOPE OKUN
Agbolanpapa é da palmeira que está na praia
EMI MA SAWO PA EGEGEDE
Eu vou continuar a cultuar todas as coisas certas
SNG NI OKU MO
Sòngó nunca vai morrer

Para o coletivo Legítima Defesa,
com amor.

---

[3]. Texto livremente inspirado em *Renegados revolucionários: americanos nativos, afro--americanos e indígenas negros*, de bell hooks, 1992.

PRÓLOGO

Exu narrador recebe o público, saúda as pessoas, investiga-as com o olhar. Caminha dançando com seu corpo muito vivo. Carrega um instrumento de sopro, um berrante cruza o seu corpo. O público se acomoda. Exu ocupa o centro da cena e sopra o instrumento. Algumas personagens ocupam a cena conforme Exu se apresenta. A voz de Exu se multiplica. Todos do elenco são Exu.

EXU 1 — Nesta ilha reina o caos.
É meu reino, terra de Exu.
Sou aquele que abre os caminhos.
Sou aquele que fecha os caminhos.
Nesta ilha reinava uma mulher.
Uma mulher capaz de se transformar em três.
Uma mulher com o dom da invisibilidade.
Nós a chamávamos de Iyami, a grande mãe pássaro.
Os homens do Atlântico vermelho a chamaram de *bruxa*.
Eles detestavam o poder daquela mulher.
Ela era capaz de controlar a lua.
O medo é senhor de muitas mentes.
E aqueles homens sangrentos não temiam a morte.
Aqueles homens sangrentos temiam Iyami.
Sycorax, assim a chamaram.
Um outro nome para Medeia.
A famosa personagem de Eurípedes.
A mulher que toma uma atitude.

Mas Iyami veio muito antes dela.
O medo cria nomes assombrados.
Iyami teve um filho.
Um dia, ela simplesmente desapareceu.
Os homens sangrentos celebraram seu desaparecimento.
Seu filho passou a ser chamado de Calibã.
Calibã, o canibal.
Calibã e a bruxa.
O canibal e a bruxa.
Filho e mãe.
O menino e a mulher de mãos dadas numa ilha.
Dois contra o mundo, como canta um velho Orixá.
Ele mesmo, um ex-humano que se proclamou Deus.

EXU 2 — Eu sou Exu, posso fazer chover no deserto.
Posso inundar uma ilha.
Sou os dois lados de todas as moedas do mundo.
Sou aquele que vende, sou aquele que compra.
Minha boca tem fome.
E eu estou em todas as bocas no mundo.
No avesso do avesso do que dizem e fazem.
Sou Exu. Embora alguns me chamem de Diabo.
O medo cria nomes assombrados.

Quando Próspero chegou nesta ilha trouxe destruição sob forma de dinheiro. Ele mesmo se nomeou: Próspero. Mas ele jamais trouxe prosperidade.

Ilha Brasil, 1535. Chegada do primeiro navio negreiro em Pernambuco. Século XVI, ano em que a Europa decidiu inventar um conceito de pessoa. A Europa criou o universal e o universal é um homem branco e hétero. A Europa criou o universal, mas eu, Exu, criei o mundo. Então eu conto essa história como eu quiser. Esse homem universal, venéreo, adorador de si mesmo, inventou *os outros*.

Próspero, o invasor de nossa ilha, é a encarnação ideal deste homem universal.

Aqui, porém, teremos a ausência da figura física que personifica este homem. Um ator negro dará corpo a este sujeito. Como sempre fazemos.
Questão de LEGÍTIMA DEFESA.
Existiram e existem muitos Prósperos e Calibãs.
Próspero disse: *Este ser de trevas é meu!*.
Próspero buscou aliados na ilha. Nesta ilha Brasil, entre invasões e golpes sempre tem uma tempestade.
A tempestade que trouxe Próspero fez com que ele fosse salvo pelos habitantes da ilha.
Chegou aqui quase morto e se proclamou um Deus tirano.
Assim encontrou Ariel, ser angelical.
Ariel, o bom selvagem,
Ariel (em trânsito), sem rumo, em uma terra invadida.
Ariel, sem lugar no mundo.
Em nenhum momento da ilha teve descanso.

EXU 3 — E eu, Exu, vi tudo enquanto soprava confusão no ouvido dos marinheiros daquele navio.
E do vento quente de minha boca saltavam navalhas, facas, tesouras e venenos no momento das brigas e discussões.
E o sangue jorrava, enquanto um bode assistia.
E o bode era eu. Eu sou Exu. Eu vi o Brasil nascer.
Eu sabia que aqui reinaria o caos.
E no meio do caos um povo se ergueria para reunir, mais uma vez, dois continentes. Améfrica Ladina Indígena brasileira.
Filhos de Iyami. A quem os invasores chamaram Sycorax.
Dizem que ela morreu antes de Próspero invadir a ilha, mas para certos povos a morte não existe.
Eu sou aquele que ama a humanidade, mesmo em seu pior.
Devolvo o que dão, sem julgamento. Eu sou Exu, eu nunca fui o Diabo. Já quem me chama assim, estes sim, criam infernos pelo mundo.

(*O Mestre de Cerimônias ocupa a cena acompanhado do elenco*)

MESTRE DE CERIMÔNIAS — Boa noite, senhores e senhoras e todes.
A imaginação na qual vivemos está exausta. Embora habitemos seu fantasma, esse mundo, no qual o estável e o binário eram a base de tudo, morreu há muito tempo.
Nesta balada para *A tempestade*, onde nos banharemos entre raios e trovões, apresentamos o jovem Calibã, o herdeiro de uma ilha usurpada. Pode entrar, meu filho.

Calibã entra em cena, como que descobrindo a cena, o público, surpreso.

MESTRE DE CERIMÔNIAS — Bem-vindo ao teatro.
Diante de nós está o que os críticos chamam de público.
Para mim são todos e todas atores e atrizes do nosso espetáculo.
Tá cansado? Tá, né, meu filho?
Tá todo mundo cansado há 522 anos.
Pois é, gente. Calibã, que também poderia ser chamado de Túpac Amaru, Beatriz Nascimento, Simón Bolívar, Marielle Franco, Lélia Gonzalez, José Martí, Malcolm x, Angela Davis, Raoni, Frantz Fanon, Chico Mendes, Xica Manicongo e toda essa gente que criou um idioma próprio, dentro de um idioma feito para silenciar vozes, está aqui, hoje no teatro, em pleno século XXI para exigir uma reparação histórica. Pode falar, meu filho.

Texto feito por três Calibãs. Falam em línguas coloniais diferentes.

CALIBÃ — *Não tenhas medo; esta ilha é sempre cheia de sons, ruídos e agradáveis árias, que só deleitam, sem causar-nos dano.*
Muitas vezes estrondam-me aos ouvidos mil instrumentos de possante bulha;
Outras vezes são vozes, que me fazem dormir de novo, embora despertado tenha de um longo sono.

Então, em sonhos presumo ver as nuvens que se afastam, mostrando seus tesouros, prestes a choverem sobre mim, de tal modo que, ao acordar, choro porque desejo prosseguir a sonhar.

(*Calibã se curva esperando aplausos*)

MESTRE DE CERIMÔNIAS — Meu filho, o que é isso?

CALIBÃ — Um trecho de *A tempestade*, de William Shakespeare.

MESTRE DE CERIMÔNIAS — Ok. Mas por que esse jeito de falar?

CALIBÃ — Quem é o senhor?

MESTRE DE CERIMÔNIAS — Sou o MC desta festa, desta peça. Mas por que falar desse jeito, impostado?

CALIBÃ — Aqui não é teatro?

MESTRE DE CERIMÔNIAS — Meu filho, Shakespeare era um dramaturgo popular. Aqui também somos.

CALIBÃ — Me ensinaram a falar assim.

MESTRE DE CERIMÔNIAS — E você obedece? Tu não percebeu que a gente se parece?

CALIBÃ — É, sim, percebi. O senhor parece um pouco comigo sim. Mas eu sou mais bonito.

MESTRE DE CERIMÔNIAS — Então, manda a real. Fala na nossa língua.

CALIBÃ — O *baguio* tá *lôco*, mas *nóis* num vai *arregar*.

MESTRE DE CERIMÔNIAS — Tô ligado, é disso que eu tô falando. Manda a letra, fiote.

Mestre de Cerimônias solta uma batida de rap. *Calibã encara a plateia, altivo. Ele começa a rimar e a dançar.*

CALIBÃ — Sem medo, nem esperança.
Sou Calibã, na minha mão trago uma lança.
Minha mãe não era bruxa, mas sabia enfeitiçar.
Fazia qualquer um se apaixonar.

Ela mandava na lua.
Era a dona das marés.
Tinha o mundo entregue aos seus pés.
Era uma mulher que veio para abalar.
Afundando navios, afogando marinheiros.
Mulher, dona de muitos segredos.
Como Maria Filipa, a famosa marisqueira.
Ali, também, era muito mulher.
Botando fogo em navio invasor daqueles Zé Mané.
Como Maria Quitéria, a mulher soldada.
Devastando no campo de batalha.
Como Joana Angélica, vestida de freira.
Rezando em latim com um punhal entre as mãos.
Independência ou morte, eis a questão.
Sem medo, nem esperança.
Essa é a nossa herança.
Trabalhando sem parar.
Anunciando a tempestade que vai se formar.
Soprando os inimigos pro lado de lá.
Amarrando os malditos no cipó.
Sempre nós por nós.
De como se faz um falar, dois dizê.
Seja no vissungo, no samba, no *rap*, no maculelê.
A gente diz que diz e eles ali, sem entender.
Capoeira parece dança, mas mata.
Sem medo, nem esperança.
Isso é o que tenho para ofertar.
Nesta peça oferenda onde sou um protagonista.
Não vou deixar ninguém me parar.
Me definir, me encaixotar.
Eles pensam que podem me enganar.
Mas eu sou Calibã, filho de Iyami Oxorongá.

(Calibã se retira)

CENA 1: PARTE 1

MESTRE DE CERIMÔNIAS — Se liga nos fatos que eu tenho aqui. Vamos imaginar que um banquete está para começar. Cada ator, cada atriz escolhe uma máscara para ser feliz.
Sirvam-se.
ATRIZ — Sycorax 1.
ATRIZ — Sycorax 2.
ATRIZ — Sycorax 3.
ATOR — Marinheiro 1.
ATOR — Marinheiro 2.
ATOR/ATRIZ — Ariel.
MESTRE DE CERIMÔNIAS — Tá faltando Próspero. Quem vem?

Tempo. Atores e atrizes tiram nos dedos para saber quem interpretará a personagem Próspero.

ATOR — Tá, vai. Próspero.

MARINHEIRO 1 — Eu como bom marinheiro, vou lhes contar um pouco sobre a história dentro da história desta peça. É sabido que ela foi escrita por William Shakespeare, também conhecido como Bardo, ou *o homem que inventou a humanidade*, ou o dramaturgo do rei, autor de peças populares, amado e invejado por toda Inglaterra.

MARINHEIRO 2 — Shakespeare escreveu essa peça em 1610, 1611, foi sua última peça. Na história, Próspero é um duque de Milão, que, após ser traído pelo irmão, se vê obrigado a viver numa ilha, isolado com sua filha Miranda. Nessa ilha ele encontra Calibã e Ariel. Calibã é descrito como um monstro e Ariel como um ser angelical que obedece e segue Próspero. Através de magia, Próspero consegue atrair o irmão traidor, um tal de Antônio. Junto dele está o rei de Nápoles, que viaja acompanhado do filho Ferdinando. Por fim, após vários quiprocós, tretas, Próspero consegue voltar a ser um nobre casando sua filha Miranda com o tal do Ferdinando, filho do rei de Nápoles.

MARINHEIRO 1 — Em 1950, publicaram um livro chamado *Psicologia da colonização*, de Octave Mannoni, que refletia, dentre outros assuntos, sobre essa peça como sendo uma metáfora para o processo de colonização da Europa no mundo. Em 1969, um cara da Martinica, não qualquer cara, mas Aimé Césaire reescreveu a peça. A ilha da ficção era o Haiti. Aqui, hoje, século XXI, nesta ilha Brasil onde se fala *pretuguês*, vamos navegar por essa Améfrica Ladina Indígena brasileira e ouvir a voz de Sycorax, que por muito tempo não foi ouvida, embora nunca tenha silenciado, uma espécie de Cassandra afro-indígena, que ocupa a cena não somente com uma voz, mas representada por três atrizes nesta peça. Aqui, assumem sua verdadeira forma. São as Iyamis Oxorongás. As grandes mães ancestrais.

MESTRE DE CERIMÔNIAS — As Iyamis Oxorongás ocupam a cena, dançando. São mulheres com cabeças de pássaro, donas de uma ilha invadida por um homem chamado Próspero. Três mulheres-vozes personificando uma única mulher: a mãe de Calibã, que próspero chama de Sycorax.

(*Sycorax 1, 2 e 3 começam a realizar uma espécie de mandinga*)

SYCORAX 1 — Se me pedissem para interpretar uma tempestade, eu a faria imediatamente. Porque eu nasci aqui. Toda mulher na ilha Brasil sabe interpretar uma tempestade. A gente vive nela. A gente sabe trovejar, relampejar, chover, chorar, inundar, devastar.

SYCORAX 2 — Cheguei nesta ilha grávida de pai desconhecido. É o que dizem. Mas eu sei quem é o pai de Calibã. Ele não é um monstro, ele não é um homem, ele não é um santo. Meu filho não é um milagre. Tampouco eu sou uma monstra, uma mulher ou uma santa.

SYCORAX 3 — Calibã parece com o pai, embora não tenha descoberto os próprios poderes. Pensa que estou morta. Mas apenas desapareci, como tantas. Eu, que possuo o dom da invisibilidade, um dia, sumi. Ou, pior, sumiram comigo. É assim que eles fazem.

SYCORAX 1 — Pobre Calibã, lhe ensinaram sobre fantasmas e assombrações.

SYCORAX 2 — Não cultuamos fantasmas, mas ancestrais vivos.

SYCORAX 3 — Ensinaram meu filho a ter medo.

SYCORAX 1 — Venho por ele.

SYCORAX 2 — Venho pela minha ilha.

SYCORAX 3 — Venho em nome de todas que não puderam estar aqui.

Os marinheiros comem e bebem em um canto do palco. Sycorax 1, 2 e 3 observam-nos sem serem vistas e seguem com a mandinga.

SYCORAX 1 — Uma gota pinga no oceano até se transformar em uma tempestade sem parâmetros. A boca do inferno bem aberta cria um sumidouro no meio do nada, fazendo o navio se movimentar em círculos. Eis a nossa diversão.

Os marinheiros sacodem dentro do navio, sendo chacoalhados de um lado para o outro.

MARINHEIRO 2 — Não vamos aguentar por muito tempo!

SYCORAX 2 — Esses que acabam de chegar não são Deuses, mas monstros marinhos prontos para nos engolir, em busca de lítio e nióbio. Malditos sejam esses que navegam para explorar qualquer que seja a terra à vista.

MARINHEIRO 1 — Precisamos alcançar o centro da tempestade!

SYCORAX 3 — Trovões, relâmpagos sobre estes homens de caneta na mão e maldade na cabeça. Que eles padeçam antes de nos adoecer. Que sejam engolidos pelo centro da terra. Eu, em nome de tantas, rogo por isto com fervor e fúria. Afastai de nós estes que fazem sangrar a seiva das árvores, profanadores das águas, vendilhões do templo, falsos profetas, vendedores de ilusões, covardes de terno e gravata.

(Sycorax 1, 2 e 3 dançam e fazem suas mandingas)

SYCORAX 1 — Vamos naufragá-los?

SYCORAX 2 — Não, vamos deixá-los enfraquecidos.

SYCORAX 3 — Depois vamos afogá-los?

SYCORAX 1 — A morte não é o melhor castigo para essa gente.

SYCORAX 3 — O que faremos, então?

SYCORAX 2 — Vamos enlouquecê-los.

(Sycorax 1, 2 e 3 seguem com a mandinga)

MARINHEIRO 2 — Vamos direto para o olho do ciclone!

MARINHEIRO 1 — Temos que conseguir alcançar o centro e de lá escapar!

MARINHEIRO 2 — Esse vento parece coisa feita!

MARINHEIRO 1 — É apenas a natureza! Vamos para o *olho do ciclone*! Prenda a gávea, icemos as velas! Puxe! Puxe! Puxe!

MARINHEIRO 2 — O vento está no comando! Não vamos conseguir!

MARINHEIRO 1 — Você é muito negativo! Por isso que a sua vida é uma merda!

MARINHEIRO 2 — Sou realista! Vamos morrer!

MARINHEIRO 1 — Quem está prestes a morrer não fica tagarelando assim! Vamos içar velas complementares! Maré virando! Maré virando! A todo pano! A todo pano!

MARINHEIRO 2 — Nós vamos morrer!

MARINHEIRO 1 — Até o vento nesta terra é diferente! No alto do mastro, você viu? Uma lança azul cruzando o céu. Até os raios aqui são diferentes. Eles cruzam o céu iluminando tudo.

MARINHEIRO 2 — Não tem beleza em morrer! Vamos afundar!

(Marinheiro 2 canta, chorando, emocionado)

MARINHEIRO 2 — *Cada vez estamos mais perto de vós, meu Deus, mais perto de vós...*
Meu Deus! "O inferno está vazio e todos os demônios estão aqui."

MARINHEIRO 1 — Uma vez no abismo, resta cair, homem!

MARINHEIRO 2 — Vá à merda!

MARINHEIRO 1 — A chuva é diferente aqui, veja como cai forte, parece uma cachoeira vinda do céu.

MARINHEIRO 2 — Odeio esse teu positivismo tóxico! Maldito seja!

MARINHEIRO 1 — Terra à vista! Terra à vista!

MARINHEIRO 2 — Desgraçado! Desgraçado!

MARINHEIRO 1 — Veja, é a ilha de Próspero!

MARINHEIRO 2 — É um milagre...

Sycorax 1, 2 e 3 se retiram de cena. Marinheiro 2 se atira ao chão e beija o solo/palco, fica de quatro, bebe um pouco de água. Marinheiro 1 passa por cima dele. Marinheiro 2 toma litros de água. Entra Ariel.

CALIBÃ ARIEL

CENA 1: PARTE 2

Ariel estala os dedos e os dois marinheiros saem de cena, zumbizados.

ARIEL E AILTON KRENAK — O Brasil não existia. O Brasil é uma invenção. E a invenção do Brasil nasce exatamente da invasão. Inicialmente feita pelos portugueses e depois continuada pelos holandeses e depois continuada pelos franceses. Num modo... sem parar... onde as invasões nunca tiveram fim.
Nós estamos sendo invadidos agora.
Essa Mata Atlântica que os viajantes piraram com ela... essa Mata Atlântica que os colonizadores encontraram aqui era o produto, o resultado de alguns milhares de anos de interação com seres humanos que fizeram esse jardim. Quando os brancos chegaram, eles foram admitidos como mais um na diferença. E se os brancos tivessem educação, eles podiam ter continuado vivendo aqui no meio daqueles povos e produzido outro tipo de experiência. Mas eles chegaram com a má intenção de assaltar esta terra e escravizar o povo que vivia aqui. E foi o que deu errado.
A descoberta do Brasil? Aquilo lá era o que os brancos, filhos dos portugueses, pensam que foi a descoberta do Brasil. O mito de origem do Brasil é: aquela descoberta com as caravelas, aquela missa... em monte Pascoal. Nós somos adultos, gente. A gente não precisa ficar embalado com essa história... a gente pode buscar entender a nossa história com os diferentes matizes que ela tem e ser capaz de entender que não teve um evento fundador do Brasil. Quando os europeus chegaram aqui, eles

podiam ter todos morrido de inanição... escorbuto, ou qualquer outra pereba neste litoral, se essa gente não tivesse acolhido eles, ensinado eles a andar aqui e dado comida pra eles. Porque os caras não sabiam nem pegar um caju. Eles não sabiam, aliás, que caju era uma comida. E eles chegaram aqui famélicos, doentes, e o Darcy Ribeiro disse que eles fediam. Quer dizer, baixou uma turma na nossa praia que estava simplesmente podre. A gente podia ter matado eles afogados. Durante muito mais do que cem anos o que os índios fizeram foi socorrer brancos flagelados chegando na nossa praia. Então eu digo isso. Qualquer pessoa que estiver me ouvindo falar: se você se sente parte dessa continuidade colonialista que chegou aqui, você é um ladrão. O seu avô foi, o seu bisavô foi...[1]

Chega dessa ladainha sem sentido.

(Calibã, sentado na plateia, gargalha por um tempo.)

---

1. Trecho extraído de depoimento de Ailton Krenak registrado por Luiz Bolognesi na série documental *Guerras do Brasil.doc*, 2019.

CENA 2

(*Cena feita na plateia*)

Próspero está sentado próximo ao palco, numa cadeira de costas para a plateia. Calibã está na última fileira da plateia, ambos falam no microfone. Calibã entra.

CALIBÃ — *Hururu!*

PRÓSPERO — Quem está aí?

CALIBÃ — Querido, isso é em outra peça. *Hururu.*

PRÓSPERO — Ainda se lembra de seu idioma bárbaro? Eu já disse que não gosto disso. Além do mais, poderia ser educado. Um bom dia não faria mal algum a você.

CALIBÃ — Ah, esqueci. Bom dia. Mas um dia bom, cheio de todas as vespas, sapos, pústulas e excrementos. Que o dia de hoje pudesse saltar uns dez anos e chegar ao dia em que os pássaros do céu e as bestas da terra se saciassem com sua carcaça.

PRÓSPERO — Sempre engraçadinho, seu macaco idiota! Como é possível alguém ser tão feio?

CALIBÃ — Você me acha feio, mas eu também não acho você tão bonito assim. Com esse nariz torto, parece até um abutre velho. Um abutre velho de pescoço pelado.

PRÓSPERO — Já que sabe se expressar tão bem, poderia pelo menos me agradecer por eu tê-lo ensinado a falar. Um bárbaro! Uma besta bruta que eu eduquei, formei, de quem tentei tirar toda essa animalidade que ainda o cerca.

CALIBÃ — Mas isso não é verdade. Você não me ensinou nada. A não ser, é claro, a usar sua linguagem para compreender suas ordens: corte a madeira, lave as vasilhas, limpe o peixe, plante os legumes, porque você é muito preguiçoso para fazer essas coisas. E quanto à sua ciência, me ensinou alguma coisa? Guardou tudinho para você. Sua ciência está toda guardada egoisticamente só para você, trancada dentro daqueles livros enormes.

PRÓSPERO — Sem mim, o que você seria?

CALIBÃ — Sem você? Simplesmente seria o rei. O rei da ilha. O rei da minha ilha que eu herdei de minha mãe, Sycorax.

PRÓSPERO — Existem genealogias das quais seria melhor não se orgulhar. Uma vampira! Uma feiticeira de quem a morte nos livrou, graças a deus!

CALIBÃ — Minha mãe está em todos os lugares desta ilha, seu cretino. Só você não vê. Minha mãe está nas plantas, nas flores, nas raízes das árvores, nas fontes de água, no mar que nos cerca, nas estrelas, na lua, na maré cheia, na tempestade. Eu a respeito porque sei que ela está viva. E viva Sycorax! Sycorax minha mãe! Serpente! Chuva! Relâmpagos! Eu a encontro por toda parte. No olho do charco que me fita, sem piscar através de seus cílios. Dentro daquela raiz retorcida e do laço que aguarda. Dentro da noite, a cega vidente, a que fareja sem nariz... muitas vezes, em meus sonhos, ela fala comigo e me aconselha. E pensar que eu acreditei em você. Maldito seja.

PRÓSPERO — Devo avisar que, se continuar a falar assim, a feitiçaria não vai livrá-lo do castigo que merece.

CALIBÃ — Sei. É sempre assim. no princípio, você me bajulava. Meu caro Calibã para cá, meu pequeno Calibã para lá. Ora. O que você faria sem mim nestas terras desconhecidas? Ingrato! Eu lhe mostrei as árvores, as frutas, os pássaros, as estações e, agora, me trata assim... Eu lhe ensinei tudo o que você sabe sobre a ilha, lhe ajudei a encontrar ouro. Eu não sabia que estava diante de um canalha.

PRÓSPERO — Monstro.

CALIBÃ — Racista.

(*Todos abrem a boca diante da palavra*)

CALIBÃ — Pois é, a palavra que ninguém suporta dizer, ouvir, mas na hora de agir, fazem sem problema algum.

PRÓSPERO — Vou acabar com você, Calibã.

CALIBÃ — A partir de hoje não serei mais chamado de Calibã.

PRÓSPERO — Que história é essa?

CALIBÃ — Quero dizer que meu nome não é Calibã, muito simples.

PRÓSPERO — Deve ser o meu, então.

CALIBÃ — Calibã é o apelido com que seu ódio me ridiculariza sempre que me chama assim e eu me sinto insultado.

PRÓSPERO — Que diabo! Agora se tornou suscetível. Então proponha. Pois vou ter que chamá-lo. E qual será seu nome? Canibal lhe cairia bem, mas estou certo de que não vai querer. Vejamos... Aníbal, gostou desse? Por que não? Todos gostam dos nomes históricos.

CALIBÃ — Pode me chamar de x. Esse me cai melhor. Como se dissesse: o homem sem nome. Mais exatamente, o homem de quem roubaram o nome. Você fala de história. Pois esse é histórico, e famoso. Cada vez que você me chamar, eu me lembrarei do que me é fundamental, que você me roubou tudo, até minha identidade! *Hururu!*

(*Sai*)

CENA 3

O encontro: Ariel e Calibã. A cena é feita no palco; cada ator/atriz está em uma extremidade. Falam com uma métrica explícita no microfone, cada um com objeto.

MESTRE DE CERIMÔNIAS — Devia ser universalmente claro, tanto para quem vendia quanto para quem era vendido, que a escravidão era uma condição desumana, apesar de lucrativa. Os vendedores certamente não queriam ser escravizados; os comprados muitas vezes cometiam suicídio para evitar o cativeiro. Sendo assim, como funcionava a escravidão? Uma das maneiras de que as nações dispunham para tornar palatável o caráter degradante da escravidão era a força bruta; outra era a romantização.

Quando somos desumanizados pela força bruta, aos olhos do colonizador somos Calibã, quando somos desumanizados pela romantização, nos tornamos Ariel.

Calibã está trabalhando e cantando quando Ariel surge, escuta Calibã durante um momento...

(Entra Ariel)

ARIEL 1 — Salve, Calibã! Sei que você não gosta muito de mim, mas afinal de contas somos irmãos, irmãos de sofrimento e escravidão, e também irmãos na esperança. Nós dois queremos a liberdade. Nós dois queremos a liberdade, só que por métodos diferentes.

CALIBÃ — Salve, Ariel! Será que só veio me ver para fazer essa profissão de fé? Fale logo. Foi o velho quem o mandou, não foi? Que bela função, executar as vontades do mestre.

ARIEL 2 — Não, eu vim por conta própria. Vim para preveni-lo. Próspero planeja de que maneira poderá se vingar de você e pensei que fosse meu dever avisá-lo.

CALIBÃ — Pois pode vir.

ARIEL 1 — Pobre Calibã, tenha cuidado. Sabe muito bem que não é o mais forte, que jamais será o mais forte. De que adianta lutar?

CALIBÃ — O mais forte? O que você sabe? A fraqueza sempre tem mil meios que só a covardia nos impede de inventariar.

ARIEL 2 — Não acredito na violência.

CALIBÃ — E no que acredita? Na covardia? Na demissão? Na genuflexão? É o que você faz? Isso é muito pouco para Calibã.

ARIEL 1 — Sabe muito bem que não é assim que eu penso. Nem violência, nem submissão. Compreenda o que digo. É Próspero que tem que mudar. Temos que perturbar sua serenidade até que ele mesmo reconheça a existência de sua própria injustiça e acabe com ela.

ARIEL 2 — Cada um de nós escuta seu tambor, você marcha ao som do seu, eu marcho ao som do meu. Desejo-lhe toda a coragem, irmão.

CALIBÃ — Adeus, Ariel. Desejo-lhe boa sorte, irmão.

(*Entra Próspero*)

ARIEL 1 — O que esses marinheiros vieram fazer aqui, Próspero?

PRÓSPERO — Não é da sua conta.

ARIEL 2 — Eles estão aqui para explorar uma certa floresta por cerca de quinhentos anos. Não é?

PRÓSPERO — Você fala demais.

ARIEL 1 — Você vai ganhar muito dinheiro, né? Você acha que dá para respirar nota de cem? Comer nota de cinquenta? Se curar com uma notinha de vinte? Acha?

PRÓSPERO — Vou cortar a sua língua.

ARIEL 2 — Eu não preciso dela para praguejar contra você. E pensar que eu acreditei em você, imundo. Que você era um pai para mim. Logo você, que não ama ninguém, só a própria imagem. Inventou até que Deus te fez à imagem e semelhança Dele. Eu lhe ensinei tudo o que você sabe sobre a ilha, o ajudei a extrair pau-brasil. Tive um sonho bom outro dia. Nele, você não existia.

PRÓSPERO — Continue sonhando. O que é seu está guardado.

(Ariel 1 e 2 falam em guarani)

ARIEL 1 E 2 — Liberdade!

(Próspero sai)

ARIEL 1 E 2 — Somos feitos da matéria de nossos sonhos. Não se esqueça disso, seu maldito.

Améfrica em 3 atos, Coletivo Legítima Defesa. Sesc Pompeia, São Paulo, 2022. Fotografia: Cristina Maranhão.

CENA 4: PARTE 1

As três Sycorax se aproximam, uma carrega uma cabaça, a outra um balaio e a outra uma jarra com água. Sycorax 1 sopra um pó de dentro da cabaça na direção de Calibã, que adormece. As três unem as vozes para abençoar o filho.

SYCORAX 1 — Dorme, meu filho. Repõe tuas forças. De cá, entre ancestrais, lutamos para que a história não se repita. Entre vivos lutamos para que nossos filhos tenham uma vida melhor do que as nossas. Fadiga histórica de uma luta invisível que nos consome. Dorme, cuida de tua matéria. Não deixe que te enlouqueçam, não permita que te suicidem. Sei que é muito para se pedir a alguém, mas como mãe te imploro. Fique vivo para que eu possa, também, viver através de você. És um Obá, nasceste para governar, não para obedecer. E assim, todos os dias, sopro estas palavras no teu ouvido para que não te esqueças de mim como outros homens fizeram. Para que não me apagues de tuas histórias. Me leve em teu pensamento e na ação. Atua pelo coletivo, busca tua comunidade, e, se não a encontrar, crie uma. Você deve se perguntar de onde vem tanta ousadia. Sou eu fazendo tempestade na tua mente anestesiada pelas palavras venenosas de quem se acha teu dono. Quando Exu me amou eu já era uma anciã. Ele se encantou pelos meus cabelos brancos, os vincos da cara marcada de quem atravessou desertos iluminada por um sol inclemente. Uma travessia milenar até achar o amor de um Deus. E ele não era um Deus sozinho em um altar. Ele fazia a comunicação entre

Deuses e Homens. Quando Exu me amou, eu era uma anciã no meio do deserto, cansada de viver sozinha. Eu achava que não teria mais filhos. Mas Exu me fez fértil.

SYCORAX 2 — Ele chegou com o corpo em chamas como um cometa cruzando uma noite em céu com poucas estrelas. E Exu estava ali, diante de mim, queimando. Eu tive medo. Ele não parecia humano. Seus olhos eram de bicho. Mas ele era um homem de extrema beleza. Ele me colocou dentro da sua combustão e eu ardi, eu ardi. O tempo não existe somente para justificar a existência do relógio. O tempo é um Deus que nós incorporamos quando estamos amando. Eu senti Exu. E Ele estava ali, dentro de mim, jorrando, jorrando. E eu recebi aquele líquido como se fosse uma bebida mágica. Eu bebi, eu deixei aquele rio me inundar. Eu sabia que algo tinha mudado a partir daquilo. Exu me fez fértil. Eu fui amada por Exu. Ele me revelou seu nome e eu delirei tomada por uma febre selvagem que me consumiu os pensamentos pequenos. Eu passei a pensar grande, a falar grande, a ser grande e Ele me disse que eu sempre fui assim.

SYCORAX 3 — Ele só havia me lembrado disso, como eu estou fazendo agora com você, meu filho. Porque, às vezes, tudo o que a gente precisa é de uma palavra que nos erga, que nos devolva para nós mesmos. Volte para você, volte para o que você era no momento da sua concepção, quando Exu me revelou seu nome verdadeiro e eu viajei pelos tempos e pude encontrar você antes mesmo de saber que você viria. Eu era somente amor naquele encontro. E o amor é a maior insurreição que nós podemos colocar em prática. Exu me amou. Eu sabia que nada mais seria igual depois daquilo, mas eu não sabia que receberia você em meus braços. Eu precisei fugir e a cada passo para longe do deserto eu me tornava mais e mais forte e minha barriga crescia, e eu sentia você flutuando em meu ventre de cem anos. Eu sentia teus socos e chutes nas paredes do meu corpo. E eu sabia que você era um lutador, um filho de Xangô cuspindo fogo na direção dos injustos. Eu também estava sonhando. Eu nunca mais quis acordar. Viemos para esta ilha, fugindo os dois. Então, aqueles homens invasores começaram a chegar aqui. Você nasceu. Eu tive Ariel. Vocês são irmãos. Não te esqueças disso.

O elenco se reúne e começa a bater os pés em uma dança de luta. Cantam em coro uma música para Xangô.

CENA 4: PARTE 2

(Música para Xangô)

CORO — Xangô está armado com seus dois machados
    Ele bate um contra o outro
    E a justiça impera
    Ele bate um contra o outro
    E a criança é ouvida
    Ele bate um contra o outro
    E o mentiroso morde a língua
    Ele bate um contra o outro
    E a mulher é louvada
    Ele bate um contra o outro
    E uma nação é erguida
    Ele bate um contra o outro
    E o Brasil faz exorcismo
    Ele bate um contra o outro
    E os inimigos estremecem
    Ele bate um contra o outro
    E tudo volta a fazer sentido...

CENA 5: PARTE 1

Um telão surge na cena trazendo um vídeo de Calibã mais velho.

CALIBÃ — Depois de sonhar por muito tempo, desperto aqui, sem sair do sonho. É noite, aqui é sempre noite. Brilho eterno de uma massa escura de onde tudo se originou. E, daqui, vejo este ilusionista chamado Próspero e tantos outros como ele, com suas fileiras de cães presos em coleiras latindo contra nós, cheios de saliva e raiva. Invejosos. É o que são. Daqui, desta massa escura onde é sempre noite, eu gargalho como o meu pai. A mesma risada, dizem. Você, Próspero, é um mentiroso. Mentiu sobre nós. Mentiu para nós. Mentiu sobre o mundo. Mentiu para você mesmo ao se proclamar superior. Você, Próspero, é um câncer que vem nos adoecendo. Perceba que eu atendi aos sonhos de minha mãe, aquela a quem você erroneamente chamou de Sycorax, *a enganadora*. Eu estou vivo, eu estou vivendo bastante, aliás. Vê como eu continuo bonito? Enquanto você tenta não desmoronar, eu carrego estes dentes fortes, estes olhos cheios de brilho, esta pele amada pelo sol. Veja, Próspero, eu sou um homem amado pelos meus filhos e minhas filhas. E os seus? Ainda estão guerreando pelas terras que você roubou de nós? Agora eu lhe conheço e me conheço também. Você mentiu. E a manutenção de uma mentira exige tudo do mentiroso. Não resta alegria, saúde, nem amor para quem se dedica a este intento. Você passou uma vida inteira tentando me distrair. Veja só, Próspero, como falhaste. Eu estou aqui, um filho de Xangô de posse do seu machado, sentado em um trono cercado de amor, sem ninguém para me servir que não seja por vontade própria. Tenho força para me erguer, caminho ereto, enxergo bem, minha voz é linda, meu cabelo é bonito e eu não tenho medo de você. Você é um veneno. Eu sou um antídoto. Sou aquele homem com sangue de cavalo que transforma o veneno da cobra em cura. Meu pai é Xangô.

CENA 5: PARTE 2

Calibã declama um trecho do texto de Aimé Césaire.

CALIBÃ — Xangô marcha com força.
Através do céu, seu passeio!
Xangô é o guardador do fogo.
Cada um de seus passos abala o céu.
Abala a terra.
Xangô! Xangô! Ô!
Eu desenraizei o carvalho, elevei o mar.
Abalei a montanha e bombeei meu peito contra o lado contrário.
Respondi a Júpiter, raio a raio.
E brilhei como um filho de Xangô amado pelo rei.
E meu povo se alvoroçou e dançou para sempre.
E nós acordamos dentro do sonho das mulheres que nos deram à luz.
E a luz brilhava revelando a beleza que se escondia na escuridão.

(Calibã desperta, Ariel chega)

CENA 6: REENCONTRO ENTRE ARIEL E CALIBÃ

CALIBÃ — Os marinheiros foram embora, fizeram uma reunião a portas fechadas com Próspero.

ARIEL — Você ficou ouvindo escondido, não foi?

CALIBÃ — O que você estava fazendo?

ARIEL — Sonhando.

CALIBÃ — Você sonha demais.

ARIEL — Você parece abatido.

CALIBÃ — Descobri o que os marinheiros vieram fazer aqui. Vão explorar a Amazônia.

ARIEL — Sempre ouvindo atrás da porta. Eu te avisei sobre Próspero.

CALIBÃ — Falam em quinhentos anos explorando nióbio e lítio. Quinhentos anos até acabarem com tudo, secarem as jazidas.

ARIEL — Ele vai vender tudo. Ele vai garantir até a quarta geração dele e depois que se dane.

CALIBÃ — E nós?

ARIEL — Agora somos nós?

CALIBÃ — O que nós vamos fazer?

ARIEL — Você sabe o que precisa fazer.

CALIBÃ — Sei?

CALIBÃ — Talvez. Tenho outras preocupações agora. O que nós faremos sobre a floresta? Se Próspero conseguir vender a maior floresta do mundo, estaremos em risco.

CALIBÃ — Você e eu. Nascidos no cu do mundo.

ARIEL — Em um dos lugares mais bonitos do planeta.

(*Os dois riem, se abraçam por um tempo*)

CALIBÃ — Onde está nossa mãe?

ARIEL — Na floresta, esperando por eles.

CALIBÃ — O que ela fará?

ARIEL — Vai adoecê-los. Como sempre fez. Vai enlouquecê-los, amaldiçoá-los. Embora possa curá-los também.

CALIBÃ — Nós somos iguais.

ARIEL — Aos olhos deles, sim.

CALIBÃ — O que eles realmente sabem sobre nós?

ARIEL — Nada. Este é um trunfo cheio de ironia.

CALIBÃ — A peça poderia terminar com um banquete regado a taças de veneno.

ARIEL — Isso é em outra peça.

CALIBÃ — Como podemos terminar esta?

ARIEL — Podemos ouvir as vozes de nossas mães, podemos fazer um banquete de ossos.

CALIBÃ — Lembrei daquele grupo que fazia churrasquinho dos inimigos na guerra. Foi no Iraque?

ARIEL — Está sendo ainda, meu irmão. Em qualquer lugar com água potável, petróleo, gás, nióbio, lítio. É uma neocolonização.

CALIBÃ — Por que eles não desaparecem?

ARIEL — Eles não querem morrer. Não sabem como ser eternos. São fantasmas. Jamais serão realmente ancestrais. Fantasmas Coloniais. Um pajé de Belém me disse que *o Brasil precisa de um exorcismo*.

CALIBÃ — Quem virá por nós?

ARIEL — Nós.

CALIBÃ — Somos muitos, mas não temos as mesmas armas.

ARIEL — Somos filhos e filhas das Mães Ancestrais, Iyami Oxorongá. Feche os olhos, escute.

CENA 7

MESTRE DE CERIMÔNIAS — Ariel e Calibã mergulham em um sono profundo, como que encantados, enquanto Próspero caminha louco e perdido pelo palco. Um vídeo com testemunhos de lideranças negras e indígenas é projetado. O elenco se une e realiza um ritual de limpeza guiado pelas Iyamis Oxorongás.

Reencontro entre Ariel e Calibã. Encontro entre Próspero e Ariel. Sycorax encontra Próspero.

Améfrica em 3 atos, Coletivo Legítima Defesa. Sesc Pompeia, São Paulo, 2022. Fotografia: Sérgio Silva.

CONFLUÊNCIAS NA RETOMADA

Améfrica ladina indígena

CICATRIZ

    Nesta manhã recém-amanhecida
    que fareja o chegar das novas correntezas
    Passada a ressaca
    só resta voltar a navegar
    ... digo que eu não estou indo
    eu estou sendo
    espero
    anfitriã dos caminhos que se cruzam
    das porteiras dos tempos que se friccionam
    espero
    nesta bica de estrada traçada
    neste imaginário que podia ser outro
    outra encruza
    mas é esta
    onde eu sou ao mesmo tempo
    curandeira e unguento!

RETOMADA

    A distância parece infinita por ser próxima!
    Próxima estou... Estou na frente, nos lados, por baixo
        e por cima! Quem não me vir,
    justifica-se pela grande intensidade do ser.
    Veja... Que então me verá! Eu não fui! Eu estou!

E a prova disso é este momento aqui e agora em que minha silhueta atravessa retinas!
O grande rio que desce do sol... Não retorna! Ele retoma! Retoma e segue imbatível...
Em longa continuidade... Ainda que invisível para alguns olhos!
Eu disse alguns! Pois você... Você, eu sei que me vê! Eu sei!

TEMPESTADE

Eu sou Exu. Eu vi o Brasil nascer.
Eu sabia que aqui reinaria o caos.
E no meio do caos um povo se ergueria para reunir, mais uma vez, dois continentes
Améfrica Ladina Indígena Brasileira.
Filhos de Iyami, a quem os invasores chamaram Sycorax.
Dizem que ela morreu antes de Próspero invadir a ilha, mas para certos povos a morte não existe
Eu sou aquele que ama a humanidade, mesmo em seu pior.
Devolvo o que dão, sem julgamento.

Pensamento amefricano contemporâneo

CONFLUÊNCIAS[1]

Samara Pataxó Eu acredito que povos indígenas e o povo preto têm processos históricos distintos, mas, de certa forma, há similitudes. O grande ponto de encontro do povo preto e de nós, povos indígenas, no Brasil, e também nessa América ameríndia, é a resistência. O povo preto, quilombola e outros povos tradicionais, juntamente conosco, povos indígenas, somos teimosos. E essa teimosia está aí persistindo há muitos séculos, é uma teimosia que se traduz em resistência. Embora cada um tenha sofrido seus processos próprios de luta, de violações intentadas contra nós, o ponto de encontro é essa teimosia, essa resistência. A gente precisa dar as mãos e caminhar junto para uma resistência maior. Gosto de pensar que resistência não é só no sentido passivo, resistir, estar parado, mas pensar resistência como algo ativo. Juntos podemos estar ativos e lutar contra aquilo que a gente ainda sofre neste país; os racismos, os preconceitos estruturais, enraizados na história do Brasil, com os quais é necessário romper. Eu acredito que encontrar esses caminhos, partindo dessa força da luta da resistência de povos resistentes e teimosos como nós, é um bom ponto de partida. Olhar para o passado, mas pensar também nas estratégias do futuro.

---

1. Excertos extraídos do encontro "Amefricanidades: para dar luz às sabedorias e às experiências negras e ameríndias no continente americano", com Raquel barreto e Samara Pataxó, no ciclo de debates *Lélia Gonzalez, uma intelectual amefricana*, realizado pela FLUP em 2020. Disponível no YouTube.

NÃO SER RESUMIDA À DOR[2]

Geni Nuñez   O nosso desafio é justamente esse: não negar a dor, mas não se resumir a ela. Esse projeto de nação do Brasil não foi apenas descoberto, mas inventado. Essa nação que tem uma língua só, um único povo. [...] Há um confronto entre a diversidade toda e esse projeto de nação única. É um projeto de monocultura do pensamento. O processo do etnocídio é justamente essa tentativa de nos tornar algo único; esse processo do racismo envolve necessariamente a ideia de nos homogeneizar. Então eu penso que esse é um ponto de confluência entre as nossas lutas, isto é, não se permitir ser narrado pela via única, de maneira vertical. A colonialidade é algo que não admite a concomitância, o que ela quer é a hegemonia. Pensando na metáfora da monocultura, que não admite a concomitância, a floresta, ao contrário, é necessariamente diversa. A violência colonial não acabou, mas a gente também não!

ARTE[3]

Rosana Paulino   Eu venho de um mundo simbólico e o que acontece na universidade é que esse simbolismo não é admitido, é visto como uma coisa passada, arcaica, primitiva. Mas esse é o meu mundo; eu quero me colocar dessa maneira. Então, eu vou ter que procurar materiais e modos de me expressar que tragam isso dentro de mim. Eu não posso passar da porta da universidade para dentro e deixar uma vida do lado de fora. Eu acho que cada

---

2. Excerto extraído do encontro "Ancestralidades na retomada", com Geni Nuñez e Naine Terena, no ciclo *Diálogos amefricanos*, realizado pelo coletivo Legítima Defesa em 2022. Disponível no YouTube.

3. Excertos extraídos do encontro "Pretoguês – a linguagem e reinvenção afro-brasileira como ato político", com Dione Carlos e Rosana Paulino, no ciclo de debates *Lélia Gonzalez, uma intelectual americana*, encontros "Ancestralidades na retomada", com Geni Nuñez e Naine Terena e "Fazer artístico indígena na retomada", com Renata Tupinambá e Edivan Fulni-ô. Disponível no YouTube, no ciclo *Diálogos amefricanos*, realizado pelo coletivo Legítima Defesa em 2022.

artista negro ou negra que tem uma pulsão de se expressar vai trazer essas contribuições, vai fazer o seu *pretuguês* na sua área porque aquilo que nos é oferecido não é o suficiente para a gente. Não é o suficiente pensar uma arte reta, uma arte fria.

Naine Terena Quando a gente fala de arte, a primeira coisa que a gente precisa fazer é tirar os cânones brancos, senão a gente olha tudo por essa ótica. Se a gente tem mais de trezentos povos indígenas no Brasil, a gente tem que pensar que a gente tem mais de trezentas possibilidades de entender o que é arte.

Renata Tupinambá Vi esse processo da arte também como cura, libertação coletiva para todos expressarem o que estão sentindo; as histórias, as emoções e várias sensações e sentimentos que a arte possibilita. Fui aprendendo que a arte é algo que transforma as pessoas e que abre caminhos para mais pessoas. Com vários parentes fui conhecendo e descobrindo que somos continuidade e que estamos aprendendo e ensinando ao mesmo tempo... Olhar a arte e os artistas de um modo mais profundo me fez ver as violências, as espiritualidades e ancestralidades que atravessaram o meu caminho de modo a compor as visões, os sentimentos, a percepção que tenho hoje. Me fez ver como um ser coletivo, mas com a subjetividade preservada.

Edivan Fulni-ô Acho que a música veio automática para mim porque sentia necessidade de dizer algo que não sabia. Muitas vezes ainda penso que não sei do que quero falar, porque ser indígena e depois, recentemente, descobrir que faço parte de uma diáspora africana também, um corpo preto que nasceu numa comunidade indígena – isso mexe comigo. Me faz questionar muito sobre o meu papel, quem eu sou, os espaços que estou ocupando. É muito difícil encontrar esse lugar de pertencimento. Quando estou na aldeia, sinto que também faço parte do contexto preto, da África; quando estou na cidade, não me sinto contemplado, é uma série de informações que vamos tentando entender.

A CONQUISTA É COLETIVA[4]

Kari Guajajara   Nenhuma conquista dos povos indígenas é individual. Nenhuma conquista de uma mulher indígena, de um homem indígena, de quem quer que seja, é pensada no âmbito individual. O fato de chegar à universidade, o fato de me formar, de ser advogada, de chegar ao mestrado; tudo isso é uma construção coletiva. Essa construção coletiva nem sempre é vista, nem sempre é considerada, nem sempre é perceptível para a sociedade extracomunitária. Nós somos o que somos porque outros que me antecederam já foram, e construíram todos os espaços possíveis para que eu conseguisse conquistar algo que não conseguiram conquistar. Os ancestrais são as forças que nos trazem à universidade. Eles são as forças que nos fazem resistir a um ambiente hostil, um ambiente que faz de tudo para nos tirar dali, que faz de tudo para nos dizer que ali não é o nosso lugar.

Elisiane dos Santos   Quando a gente está neste lugar de luta, como mulher negra, mesmo numa trajetória aparentemente individual, ela é coletiva porque a gente está representando tantas de nós e tantas lutas que nós carregamos. Eu vejo que o resgate dessas memórias do que foi a escravização negra no Brasil, do que foi o extermínio dos povos indígenas e da população negra sistematicamente, isto é, o genocídio, que se perpetua até os nossos tempos, e como foi o desdobramento desse processo de escravização, no pós-abolição, de tudo o que representou e representa para nós... eu vejo como algo

---

4. Excerto extraído do encontro "Vidas negras, vidas indígenas importam", com Kari Guajarara e Elisiane dos Santos, no ciclo de debates *Lélia Gonzalez, uma intelectual amefricana*.

fundamental para exigirmos e cobrarmos responsabilidades. Porque, quando não se fala sobre, se relativizam esses crimes bárbaros, esse crime de lesa-humanidade que foi o sequestro dos povos africanos. Os nossos ancestrais foram expropriados da sua força de trabalho sem nenhuma reparação disso até hoje.

NÓS, MULHERES, E O TERRITÓRIO[5]

Sandra Benites Nós, mulheres guaranis, quando a gente está menstruada, nós temos o nosso descanso, o nosso momento de resguardo. Todos os homens, independente se crianças ou jovens, todos eles sabem disso, esse é o processo da nossa educação. Enquanto homem, tem que entender tudo isso. Já quando as mulheres têm filhos, eu, por exemplo, trabalhei dando aula, dei aula para as crianças e meu filho nunca foi problema para a comunidade, mas, a partir do momento que eu saí da aldeia, pude perceber que esse é um problema para a sociedade não indígena, inclusive para a universidade. E aí chego na universidade, num lugar universal, acadêmico, de produzir conhecimento, e [é] aí onde eu me enxergo e não me vejo. Eu me enxergo mas não me vejo enquanto mulher, enquanto mãe, enquanto mulher que sangra. Aí eu começo a questionar esse lugar do sistema que controla todo esse nosso corpo. Para você entrar na academia você não pode menstruar, você não pode ter filhos, ou seja, para você trabalhar, inclusive para sistema *juruá* (não indígena), você tem que ser uma única coisa só, que é o próprio corpo masculino. Todos nós, enquanto indígenas, temos uma coisa em comum, que é essa questão da terra. A gente pode falar outra língua, são 264 línguas que hoje são faladas, mas todo mundo está falando sobre ancestralidade, que está associada com a terra, essa produção de conhecimento está na terra; então é isso que nós temos em comum. Depois que juntei essa minha força com outras mulheres,

---

5. Excerto do encontro "O papel das mulheres indígenas", com Juma Xipaya e Sandra Benites, no ciclo de debates *Lélia Gonzalez, uma intelectual amefricana*.

mulheres negras, mulheres indígenas, comecei a ter coragem e a não chorar mais, e sim a transformar esse meu choro numa busca que espalhe esta minha voz, a nossa voz pelo mundo. Eu acho que o que a gente está fazendo pelo mundo é muito importante. Ao somar, a gente vai ocupando nosso espaço. Não fisicamente, mas nossa voz pode ocupar, incomodar muita gente.

CONFLUÊNCIA NA RETOMADA[6]

Cacique Babau Vivemos ambientalmente bem estabelecidos com a floresta, os animais e toda a vida que nos cerca. A nossa escrita, a nossa oração, a reza é toda natureza em torno de nós, que usamos para nosso bem-estar. Com a cultura de plantar, de colher, como nós temos, vamos evoluindo tecnologicamente, mas não alteramos a base. Os brancos querem transformar inclusive a nossa forma de plantio, nossa forma de criar, como se isso fosse nos favorecer. Se não mantivermos o espírito da retomada, o espírito da guerra vivo, nós vamos ser dizimados. Não há como a gente abrir mão. O retomar é a essência da vida. Tupinambá é um ser da guerra, é um ser da espiritualidade, é um ser místico. A guerra tupinambá existe para manter uma cultura viva, a espiritualidade viva, e saber quem somos, para onde vamos, o que seremos. Nós somos o poder da natureza, ninguém vai nos controlar. Mas conseguem enfraquecer o nosso espírito, implantando uma crença tortuosa que só consegue ver através da escrita. A reza nossa é o canto. Invocamos nossos deuses através de cantos, de palma, círculo, é uma coisa belíssima. Pegamos os maracás e cantamos, cantamos, cantamos. É através dos nossos cantos que invocamos nossa sabedoria, nossa saúde, nossa ancestralidade. Temos que retomar tudo isso. Nós estamos com a realidade inflamada. Uma das questões é como fazer o bem,

---

6. Excertos do encontro "Confluências na retomada", com Cacique Babau e Antônio Bispo dos Santos, no ciclo *Diálogos amefricanos*, realizado pelo coletivo Legítima Defesa em 2022. Disponível no YouTube.

fazer melhor. Tupinambá designou a nova era de conjunção espiritual, que é invocar todos os índios que foram retirados de suas aldeias e criados nas senzalas, nas favelas, nas cidades, e que não sabiam mais a origem de seu povo. Todo mundo que tem sangue indígena nas capitais, nas cidades, vai se autodeclarar. Vão ser os índios da floresta reivindicando, os índios da cidade dizendo "sou de tal povo e quero o meu espaço aqui". Como a favela foi um espaço dominado pelo povo preto, pode ser que se sinta invadido, e não é isso que nós queremos. Nos próximos dez anos, o enfrentamento das lutas vai se dar nas cidades, para [que seja] alterada e modificada e parar o genocídio preto e indígena que acontece ali. Vamos ter que fazer esse enfrentamento. Nós somos os Tupinambá, nós somos aqueles que existem e resistem, e vamos permanecer. A nossa realidade agora é lidar com esse povo que domina o nosso país, esse povo político, que está no poder Militar, no Judiciário, e cria essas mentiradas para botar os povos indígenas que estão se levantando nas cidades e o povo preto para brigar entre si. Nós não podemos brigar agora, nós temos que nos somar. Agora é a hora de criar os quilombos-aldeias. No Maranhão, a base de Alcântara, todos os quilombos estão em cima de aldeias Tupinambá com a graça e honra também dos Tupinambá. Eles são quilombos-aldeias, porque ali rege o nosso espírito. Aqui na Bahia quase todos os quilombos estão em cima de aldeias indígenas e do povo Tupinambá. E eu sei que o futuro vai ser isso! Tem setecentos quilombos na Bahia para serem homologados, registrados... Ok, tem trinta e três aldeias na Bahia para serem regulamentadas, e nenhum dos dois estão sendo. Olha bem o poderio! Se centralizarmos o fogo e juntarmos as lideranças para fazer cumprir no Nordeste... porque temos que começar isso no Nordeste! Não dá para começar no Amazonas. O Nordeste é que tem que ditar regra pro país; a partir daqui para lá, demarcando os quilombos e as aldeias.

"Quinhentos anos de contato"
Por uma teoria etnográfica da (contra) mestiçagem[1]

MARCIO GOLDMAN

O texto que se segue possui, ainda, um caráter incerto e aberto, uma vez que diz respeito a um tema com o qual comecei a trabalhar apenas recentemente e que denominei, provisoriamente, de "relação afroindígena"[2] – em poucas palavras, os agenciamentos entre afrodescendentes e ameríndios (tema que certamente deriva de meu campo empírico de investigação, o candomblé de nação angola, com seus infindáveis debates sobre origens e sincretismos, mas que aparecerá apenas no início da apresentação).

Após algumas observações iniciais e a apresentação um tanto abstrata da questão da relação afroindígena, procurarei extrair algumas conclusões provisórias a partir da justaposição de dois casos etnográficos específicos. O objetivo é começar a testar a possibilidade de pensar essa relação aplicando-lhe o que Bruno Latour denominou princípio de irredução: não reduzi-la de antemão a uma pura questão identitária; e, ao mesmo tempo, não negar *a priori*

---

1. Conferência proferida pelo prof. Marcio Goldman no Museu Nacional em 16 de março de 2015, durante seu concurso para professor titular do Departamento de Antropologia do Museu Nacional/UFRJ. A banca examinadora foi formada pelos professores Otávio Velho, Gemma Orobitg, José Carlos Rodrigues, Pedro Pitarch e Sylvia Caiuby e de uma audiência de colegas, alunos, ex-alunos e outros interessados. O texto, cedido gentilmente pelo autor, foi publicado originalmente no n. 21 da revista *Mana-Estudos de Antropologia Social*, do programa de pós-graduação em Antropologia Social/PPGAS/Museu Nacional, em 2015.
2. Sem hífen. Ver Goldman, 2014.

que a identidade possa ser uma dimensão do fenômeno. Trata-se, basicamente, de pensar a relação afroindígena de um modo que não a reduza a uma simples reação à dominação branca, nem à mera oposição entre duas identidades – não importa se tidas como "primordiais" ou como constituídas por "contraste". Ao contrário, trata-se de pensar essa relação a partir das alteridades imanentes que cada coletivo comporta e que devem ser relacionadas com as alteridades imanentes de outros coletivos, traçando espaços de interseção em que as chamadas relações interétnicas não são redutíveis nem à ignorância recíproca, nem à violência aberta, e nem à fusão homogeneizadora (cf. Losonczy, 1997).

Começo com a lembrança de um estranho conto de Jorge Luis Borges, intitulado "O atroz redentor Lazarus Morell", no qual o autor assinala, de modo irônico, um dos paradoxos que marcam a invasão do futuro continente americano pelos europeus:

> Em 1517, o padre Bartolomé de las Casas compadeceu-se dos índios que se extenuavam nos laboriosos infernos das minas de ouro antilhanas, e propôs ao imperador Carlos v a importação de negros, que se extenuassem nos laboriosos infernos das minas de ouro antilhanas. A essa curiosa variação de um filantropo devemos infinitos fatos: os blues de Handy, o sucesso alcançado em Paris pelo pintor-doutor uruguaio D. Pedro Figari, a boa prosa agreste do também oriental d. Vicente Rossi, a dimensão mitológica de Abraham Lincoln, os quinhentos mil mortos da Guerra da Secessão, os três mil e trezentos milhões gastos em pensões militares, a estátua do imaginário Falucho, a admissão do verbo linchar na décima terceira edição do Dicionário da Academia espanhola, o impetuoso filme *Aleluya*, a fornida carga de baionetas levada por Soler à frente de seus *Pardos y Morenos em Cerrito*, a graça da senhorita de Tal, o negro que assassinou Martín Fierro, a deplorável rumba El Manisero, o napoleonismo embargado e encarcerado de Toussaint Louverture, a cruz e a serpente no Haiti, o sangue das cabras degoladas pelo machado dos *papaloi*, a habanera mãe do tango, o candombe. Além disso: a culpável e magnífica existência do atroz redentor Lazarus Morell (Borges, 1974, p. 295).

A isso, conclui Borges, devemos "infinitos fatos", dos "quinhentos mil mortos da Guerra da Secessão", da "admissão do verbo linchar na décima terceira edição do Dicionário da Academia espanhola", dos "três mil e trezentos milhões gastos em pensões militares", aos *"blues* de Handy"; "a habanera mãe do tango"; "o candombe"; "a graça de algumas senhoritas"; "a cruz e a serpente no Haiti"; "o sangue das cabras degoladas pelo machado dos *papaloi*".

De forma sem dúvida menos irônica que Borges, e sem qualquer referência ao universo indígena, o mesmo ponto também foi levantado por Félix Guattari ao falar do *jazz*, que:

> Nasceu de um mergulho cósmico, catastrófico, que foi a escravização das populações negras nos continentes norte e sul-americano. E, depois, houve uma conjunção de ritmos, de linhas melódicas, com o imaginário religioso do cristianismo, com dimensões residuais do imaginário das etnias africanas, com um novo tipo de instrumentação, com um novo tipo de socialização no próprio seio da escravidão e, em seguida, com encontros intersubjetivos com as músicas *folk* brancas que estavam por lá; houve, então, uma espécie de recomposição dos territórios existenciais e subjetivos no seio dos quais não só se afirmou uma subjetividade de resistência por parte dos negros, mas que, além do mais, abriu linhas de potencialidade para toda a história da música (Guattari, 1993, p. 120).

Ora, como o *jazz*, o *blues*, a *habanera* e o candomblé, as religiões de matriz africana – tema com o qual trabalho há quase quarenta anos – são um dos resultados desse criativo processo de reterritorialização que se seguiu à brutal desterritorialização de milhões de pessoas no movimento de origem do capitalismo com a exploração das Américas pela utilização do trabalho escravo. Em face dessa experiência mortal, articularam-se agenciamentos que combinaram, por um lado, dimensões de diferentes pensamentos de origem africana com aspectos dos imaginários religiosos cristãos e do pensamento ameríndio e, por outro, formas de organização social tornadas inviáveis pela escravização com todas aquelas que puderam ser utilizadas, dando origem a novas formas cognitivas, perceptivas, afetivas e organizacionais. Tratou-se, assim, de uma recomposição, em novas bases, de territórios existenciais aparentemente perdidos, do desenvolvimento de subjetividades ligadas a uma resistência às forças dominantes, que nunca deixaram de tentar sua eliminação e/ou captura.

Pedindo perdão pela obviedade, a expressão "religiões de matriz africana" designa, de forma um pouco grosseira, um conjunto heteróclito, mas articulado, de práticas e concepções religiosas cujas linhas de força principais foram trazidas pelos escravos africanos para as Américas. Provavelmente formadas ao longo do século XIX, essas religiões, como as conhecemos hoje, incorporaram ao longo de sua história, em maior ou menor grau, elementos das cosmologias e das práticas indígenas, do catolicismo popular e do espiritismo de origem europeia. Esses elementos foram se transformando à medida que eram combinados e combinavam-se à medida que se transformavam, gerando uma infinidade de variantes religiosas muito parecidas quando olhadas de certa distância e bem diferentes quando olhadas de outra. Pode-se, assim, observar entre os diferentes grupos de culto uma bem marcada diversidade, ligada à região da África de onde provém a maior parte do repertório de cada um e às modalidades e intensidades de suas conexões tidas por "sincréticas" com outras tradições religiosas. Meu trabalho etnográfico diz respeito a uma dessas variantes, o candomblé, mais especificamente um terreiro de nação angola, situado na cidade de Ilhéus, no sul do estado da Bahia, no Nordeste brasileiro. Não obstante, acredito que o que tentarei dizer aqui também seja válido para outros casos, ainda que com o custo de algumas transformações.

O processo histórico de constituição dessas religiões parece explicar, ao menos em parte, o fato de serem ininterruptamente atravessadas por um duplo sistema de forças: centrípetas, codificando e unificando os cultos; e centrífugas, fazendo pluralizar as variantes, acentuando suas diferenças e engendrando linhas divergentes. Mas o ponto fundamental é que essas forças estão sempre em coexistência e não podem ser dispostas segundo um esquema histórico linear, indo da unificação à desagregação ou desta à primeira. A insistência em distribuir pela história forças sempre em coexistência costuma redundar em uma vã tentativa de apagar contradições aparentes, mas acaba, na verdade, apagando a heterogeneidade constitutiva do sistema.

É também em função dessa dualidade de forças que prefiro empregar a fórmula "religiões de matriz africana no Brasil" em lugar das tradicionais expressões "religiões africanas no Brasil", "religiões afro-brasileiras" ou, pior, "cultos afro-brasileiros". Isto porque o termo "matriz" tem a vantagem de poder ser entendido, simultaneamente, em seu sentido de algo que "dá origem a alguma coisa" – o que respeita, além de utilizar, o uso nativo, sempre preocupado em relacionar essas religiões a uma África que acredito não ser real, imaginária nem simbólica, mas dotada de um sentido existencial –, e em seu sentido matemático ou topológico ("matriz de transformações"), que aponta para o tipo de relação que acredito existir entre as diferentes atualizações dessas religiões e, ao mesmo tempo, para o método transformacional que penso necessário para seu tratamento analítico.

Retornemos, contudo, às observações de Borges e de Guattari. De fato, e ainda que os números sejam algo controversos, não é nada improvável que ao longo de cerca de trezentos anos quase dez milhões de pessoas tenham sido embarcadas à força da África para as Américas, na maior migração transoceânica da história. O ponto que gostaria de sublinhar aqui é que cerca de quatro milhões de pessoas que podem ter chegado ao que hoje chamamos de Brasil encontraram milhões de indígenas, vítimas de um genocídio paralelo à diáspora africana (processos que, nunca é demais lembrar, sustentam a constituição desse mundo chamado de moderno). É nessa história, que é de todos nós, que coexistem os poderes mortais da aniquilação e as potências vitais da criatividade.

Nesse sentido, aquilo que eu gostaria de explorar tentativamente aqui – o encontro entre afros e indígenas nas Américas –

é o resultado do maior processo de desterritorialização e reterritorialização da história da humanidade, e é bastante notável que um fenômeno dessa envergadura tenha recebido relativamente tão pouca atenção, ou que tenha recebido um tipo de atenção que desconsidera completamente o que eu chamaria de dimensão transcendental desse encontro.

Como já observava Roger Bastide em 1973, "os antropólogos se interessaram sobretudo pelos fenômenos de adaptação dos candomblés africanos à sociedade dos brancos e à cultura luso-católica" (1976, p. 32). O que quer dizer, por um lado, que não se escreveu tanto assim sobre o que Bastide chamava de "encontro e casamento dos deuses africanos e dos espíritos indígenas no Brasil". Mas quer dizer, sobretudo, que aquilo que foi escrito, em geral, o foi a partir de um ponto de vista que subordinava a *relação afroindígena* a um terceiro elemento que estruturava o campo de investigação na mesma medida em que dominava o campo sociopolítico: o "branco europeu". Na própria obra de Bastide, a questão central talvez seja justamente a da famosa "integração do negro na sociedade de classes". Tudo se passa então, como acontece frequentemente demais na antropologia, como se o ponto de vista do Estado, com seus problemas de *nation building*, levasse a melhor, impondo essa espécie de certeza, que parece durar até hoje, de que a única identidade legítima é a identidade nacional.

É claro que a estatização, ou o branqueamento, da relação afroindígena não marcou apenas as investigações acadêmicas. Como bem se sabe, no caso brasileiro, e em muitos outros, o encontro e a relação afroindígena foram devidamente submetidos à "sociedade dos brancos" e pensados na forma daquilo que se convencionou chamar "mito das três raças". Mito, inútil lembrar, que elabora justamente a "contribuição" de cada uma dessas "raças" para a constituição da "nação brasileira", mas segundo uma lógica e um processo em que o vértice superior do triângulo das raças só pode ser, claro, encabeçado pelos brancos.

Quanto à antropologia, em especial a brasileira, a questão que se coloca é bem simples. Por que, afinal de contas, a proximidade entre ameríndios e afro-americanos – ou seja, o fato inelutável de que, ao longo dos séculos, e ainda hoje, eles não puderam deixar de estabelecer e de pensar suas relações – sempre esteve acompanhada de um afastamento teórico que faz com que dessa relação não saibamos quase nada ou saibamos apenas o menos interessante? Pois é esse afastamento que fez com que esses coletivos e suas cosmopolíticas tenham sido tão raramente estudados e/ou analisados em conjunto, preferindo-se, em geral, aproximações teóricas com outras terras, a Melanésia, a Sibéria ou mesmo a própria África. Contra essa pobreza antropológica muitas etnografias recentes vêm mostrando a riqueza com a qual a relação afroindígena é pensada pelos coletivos nela interessados, e que não encontra nenhum paralelo digno na reflexão acadêmica.

O primeiro passo, sem dúvida, consistiria em um movimento para libertar a relação afroindígena da dominação e do ofuscamento teórico-ideológicos produzidos pela presença dessa variável "maior", os "brancos", o que significa tentar praticar aquilo que, seguindo o exemplo do autor de teatro Carmelo Bene, Deleuze denominou operação de "minoração": a subtração da variável majoritária dominante de uma trama faz com que esta possa se desenvolver de um modo completamente diferente, atualizando as virtualidades bloqueadas pela variável dominante e permitindo reescrever toda a trama (Deleuze e Bene, 1979, pp. 97–101). Em poucas palavras, *grosso modo*: como ficaria o mito das três raças se dele suprimíssemos não o fato histórico, político e intelectual do encontro, mas o vértice "maior" do triângulo, os "brancos"? Como apareceriam afros e indígenas sem esse elemento sobrecodificador?

Antes, contudo, como costuma dizer Isabelle Stengers, talvez seja preciso ir um pouco mais devagar e começar sublinhando os riscos desse empreendimento. Para isso, é necessário deixar claras as imagens que eu não gostaria que o termo afroindígena evocasse, os clichês que não gostaria que ele desencadeasse. O ponto central é que não se trata de pensar a *relação afroindígena* de um ponto de vista genético (no sentido amplo do termo), nem a partir de um modelo tipológico. Não se trata de gênese porque não se trata de determinar o que seria afro, o que seria indígena e o que seria resultado de sua mistura – ou, eventualmente, o que não seria uma coisa nem outra. E isso seja em um sentido propriamente biológico ou genealógico, seja em sentido cultural, social etc. Não se trata, portanto, de um problema de identidade, muitas vezes, aliás, confundido com o das origens, o que pode não ser tão fácil quanto parece, porque a primeira coisa que somos tentados a fazer toda vez que nos deparamos com situações "afroindígenas" são exatamente essas triagens que eu gostaria de evitar.

Por outro lado, não é nada incomum que, ao evitar o fogo da gênese, os antropólogos caiam na frigideira da tipologia, onde, fingindo fazer abstração das conexões genéticas, acabam chegando exatamente ao mesmo lugar. Estabelecer um tipo (ideal ou não, pouco importa) afro puro, um tipo indígena puro, e quantos tipos intermediários forem, não é, de modo algum, o que importa. Nem os modelos historicistas, nem os estrutural-funcionalistas, em suas variantes explícitas ou mais ou menos disfarçadas, possuem qualquer utilidade aqui. Pois não se trata, na verdade, de identificar e/ou contrastar aspectos históricos, sociais ou culturais em si, mas princípios e funcionamentos que podem ser denominados ameríndios e afro-americanos em função das condições objetivas de seu encontro, o que significa que não são traços, aspectos ou agrupamentos culturais que devem ser comparados, mas os princípios a eles imanentes.

Observemos, igualmente, que esse enfoque privilegiando comparações e interações afroindígenas poderia também conduzir à produção de contribuições inovadoras para o campo das chamadas "relações interétnicas". Sabe-se bem como a história de diversos países americanos foi contada, em uma chave ideológica, com ênfase sobre o encontro das "três raças" que teriam harmoniosamente constituído a nação. É supérfluo denunciar o caráter mistificador desse tipo de narrativa, mas talvez valha a pena assinalar que ela reelabora um fenômeno que indubitavelmente não pôde deixar de ter ocorrido. Como também escreveu Roger Bastide (Bastide, 1960, p. 20), "não são as civilizações que estão em contato, mas os homens" – ou as pessoas –, e cabe a nós tentar descobrir e pensar o que aconteceu e ainda acontece nesses encontros – que, aliás, não são apenas entre pessoas, mas também com deuses, objetos, lugares, músicas, danças etc. Por outro lado, como vimos, nunca se enfatizou suficientemente que a natureza das relações que unem os vértices do triângulo das "três raças" não pode ser a mesma, caso se considerem as relações entre dominantes e dominados ou apenas aquelas entre os segundos.

Ora, essas relações se estabelecem entre elaborações que se situam em diversas dimensões: sociológicas, mitológicas, religiosas, epistemológicas, ontológicas, cosmopolíticas. Trata-se, em última instância, de mapear as premissas imanentes aos discursos nativos, extraindo consequências teórico-experimentais efetivas das críticas antropológicas que, ao longo dos últimos cem anos, vêm insistindo na impossibilidade de determinação de qualquer "grande divisor" capaz de distinguir substantivamente os coletivos humanos entre si. Impossibilidade tanto mais evidente quanto as transformações empíricas em curso na paisagem sociocultural do planeta mostram a aceleração simultânea dos processos aparentemente contraditórios de convergência e divergência, mimetismo e diferenciação, dissolução e endurecimento das fronteiras (tanto objetivas como subjetivas) entre os coletivos. Estas dificuldades devem ser levadas a sério, permitindo a elaboração de abordagens alternativas que afirmem a fecundidade epistemológica de tais impasses e os situem no coração da produção antropológica.

Se quisermos escapar do clichê antropológico que quer nos prender à mera determinação de variedades culturais e universais humanas, o que deve ser visado é o mapeamento das premissas epistemológicas, ontológicas, cosmopolíticas imanentes aos discursos nativos, o que, de imediato, revela que não há razão para confinar o procedimento a uma área etnográfica ou a um "tipo" de sociedade. Trata-se de explorar – à luz de contribuições teóricas recentes em torno da "antropologia simétrica" e dos "grandes divisores" – a questão da potencialidade teórica e/ou heurística dessas distinções entre sociedades, e a de sua superação. Em seguida, estimular um diálogo que, retomando a melhor tradição antropológica, confronte as contribuições específicas das pesquisas realizadas em sociedades "indígenas" e "complexas", a fim de que possam se fecundar reciprocamente, escapando do aprisionamento em círculos restritos de especialistas e das excessivas concessões aos clichês dominantes.

Isso significa, sobretudo, evitar o risco de simplesmente reproduzir, num estilo talvez mais sofisticado, os clássicos debates em torno do chamado sincretismo religioso e, assim, isolar traços de culturas originais puras que teriam se mesclado formando cada manifestação sociocultural específica. Ao contrário, o ponto é a delimitação e o contraste de princípios cosmológicos de matriz ameríndia ou africana, sem perder de vista sua especificidade e as condições históricas de seu encontro. Ou, em outros termos, trata-se de tentar colocar em diálogo produções etnográficas e reflexões teóricas oriundas de dois domínios tradicionalmente separados da antropologia, na esperança de que, por meio desse diálogo, seja possível trazer à luz novas conexões – e novas distinções – entre eles.

Se quiséssemos seguir um modelo, poderíamos denominá-lo, talvez, transformacional, em um sentido análogo, mas não idêntico ao que o termo possui nas *Mitológicas* (1964–1971), onde Lévi-Strauss não descarta as conexões históricas, genéticas e mesmo tipológicas entre ameríndios, mas desenvolve um procedimento que visa contornar e superar essas obviedades. Seguindo exemplos mais recentes, como o de Marilyn Strathern (1988) na Melanésia, talvez seja possível tratar desse modo materiais afro-americanos em conexão com materiais ameríndios.

Por outro lado, essas "transformações" também devem ser pensadas no sentido deleuziano sugerido acima (o de um procedimento de minoração por extração do elemento dominante) e em um sentido *guattariano*, porque as conexões que se pretendem estabelecer não são nem horizontais, nem verticais, mas transversais. Ou seja, não se trata de encarar as variações nem como variedades irredutíveis umas às outras, nem como emanações de um universal qualquer conectando entidades homogêneas: as conexões se dão entre heterogêneos enquanto heterogêneos, as relações se dão entre *diferenças enquanto diferenças*, como lembra Guattari (1992) ao falar de *heterogênese*, conceito que tem como premissa fundamental a hipótese de que o diferencial não pode ser encarado como mera negação e/ou oposição, uma vez que ele é sobretudo da ordem da criação ou da criatividade.

Significa também, diga-se de passagem, que talvez seja preciso livrar a comparação *levistraussiana* da noção de estrutura, ou seja, abandonar a ideia da realidade como um conjunto de atualizações parciais localmente moduladas de um conjunto de possíveis que, uma vez não atualizados, são destinados a uma espécie de tranquila inexistência. Como se sabe, Deleuze e Guattari propuseram uma perspectiva diferente sobre este ponto ao introduzirem o conceito de virtual-real para se opor justamente à dupla noção estruturalista do possível e do atual. Falar em virtual-real significa supor que o que não está manifestamente atualizado continua a existir de alguma forma, ou, antes, continua a funcionar, podendo sempre ser recolocado em jogo. Mais que um método transformacional, tratar-se-ia talvez de algo como uma perspectiva transformacional, na qual ontologia se torna sinônimo de diferença, e epistemologia, de ética. Porque não há nenhuma razão, a não ser moral e política, para subordinar a diferença à identidade ou a ética à epistemologia.

É preciso proceder com cautela, mas o esforço para colocar em diálogo materiais ameríndios e afro-americanos tão heterogêneos permite desde já entrever ao menos três tipos de elaboração. Em primeiro lugar, contextos nos quais os próprios coletivos se definem, mais ou menos diretamente, como afroindígenas.

Em segundo lugar, temos as situações em que coletivos autodefinidos como ameríndios ou afro-americanos se encontram e interagem efetivamente – mesmo que, como costuma acontecer frequentemente, esses encontros e essas interações possam ser tão codificados que correm o risco de passar despercebidos.

Enfim, terceira possibilidade: aquela em que, de alguma forma, o próprio analista se faz, por assim dizer, afroindígena, promovendo e mesmo provocando o encontro de materiais tradicionalmente destinados à incomunicabilidade, devidamente fechados em seus nichos acadêmicos de proteção. Não é difícil imaginar como esse procedimento poderia enriquecer debates tradicionais confrontando temáticas classicamente tidas como "indígenas" (totemismo, xamanismo, multiplicidade de espíritos...) com outras, tidas por "afro-americanas" (sacrifício, possessão, panteões hierarquizados de divindades e assim por diante), e que, no entanto, todos sabemos poderem ser encontradas, de acordo com distintas transformações, dos dois lados do divisor.

Trata-se, assim, de proceder a um confronto entre cosmopolíticas e coletivos em princípio heterogêneos que poderia servir para seu esclarecimento mútuo, evitando o evolucionismo no plano histórico, o dualismo no plano ontológico, e o maniqueísmo no plano ético. Essas cosmopolíticas e esses coletivos devem ser tomados no que apresentam de desconhecido, incerteza, indeterminação, não a partir daquilo que sabemos ou acreditamos saber a seu respeito. Não se trata tampouco de supor algum tipo de unidade ou identidade lá onde se via apenas diferença; trata-se, seguindo o que Deleuze e Guattari chamam "método diferencial", de buscar e analisar com cuidado as "distinções abstratas" a fim de que as "misturas concretas" se tornem mais inteligíveis. Em outros termos, é preciso distinguir analiticamente bem para melhor entender as alianças e os agenciamentos efetivos que produzem as misturas concretas.

Isto não significa, contudo, abrir mão de um ponto essencial, o fato de que, como escreveu em alguma parte Lévi-Strauss, a antropologia é uma ciência empírica e que, nela, o material empírico deve guiar as problematizações e as conceitualizações.

Com o adendo de que esse material empírico envolve necessariamente o que as pessoas pensam e têm a dizer sobre o que acontece com elas mesmas e com os outros, uma vez que a antropologia deve estar sempre subordinada à palavra nativa, de tal modo que seu discurso não tenha privilégio algum em face daqueles com quem trabalha. Nesse sentido, o melhor procedimento inicial talvez seja tomar o termo "afroindígena" nos sentidos em que as próprias pessoas que gostam de pensar a si mesmas como afroindígenas o utilizam. Ou, o que é a mesma coisa, sublinhar que o termo *afroindígena* tem, ou pode ser tomado como tendo, uma origem afroindígena.

Desse modo, gostaria de utilizar algumas reflexões nativas para apresentar um pouco melhor o que estou propondo. Tentarei fazê-lo a partir da maneira pela qual dois coletivos distintos elaboram a relação afroindígena, abrindo assim, talvez, a possibilidade de uma reflexão antropológica sobre o tema. Os dois coletivos, aparentemente muito heterogêneos, vivem no extremo-sul e no sul baianos; o primeiro – membros do movimento cultural da cidade de Caravelas, estudados por Cecília Mello (2003, 2010) – se pensa decididamente como afroindígena; o segundo, os Tupinambá da serra do Padeiro, estudados, entre outros, por Helen Ubinger (2012) – se define resolutamente como indígena.

Quando foram apresentados pela primeira vez, há mais de dez anos, o material etnográfico e a análise empírica e a teórica de Cecília Mello não se acomodavam muito bem a um certo clichê que parecia dominar o pensamento antropológico, mas que, tudo indica, é cada vez mais difícil de sustentar: a quase certeza de que não temos nada de importante a aprender com as pessoas com quem convivemos durante nossas pesquisas, seja porque elas realmente não seriam capazes de nos ensinar nada, seja porque aquilo que elas eventualmente nos ensinam é de curto alcance, limitado ao contexto paroquial em que vivem.

As pessoas que Cecília estudou em Caravelas criaram e fazem

parte de um bloco de carnaval (o Umbandaum), de um "Movimento Cultural" (o Arte Manha) e de um Grupo Afroindígena de Antropologia Cultural – todos os termos são deles. Neles, desenvolvem uma série de atividades que visam "resgatar" a memória afroindígena, usando para isso formas de expressão artísticas, que envolvem a escultura, os entalhes em madeira, a pintura, mas também o teatro e a dança. Além disso, e este ponto é fundamental, sua arte resulta de pesquisas e debates coletivos sobre suas origens afroindígenas e suas formas de expressão. As atividades do movimento se concretizam também no Umbandaum, definido como "bloco-manifestação política" que, desde 1989, ocupa as ruas de Caravelas no sábado de carnaval, apresentando orixás, caboclos e personalidades históricas marginalizadas da história baiana. Esse desfile é definido como o que Cecília (2013) denomina "um teatro-performance, em que os componentes incorporam personagens e traduzem suas características através de expressões faciais e corporais".

As mesmas pessoas que fazem o movimento cultural e o bloco são, ademais, filiadas ao Partido dos Trabalhadores e desenvolvem intensa militância político-eleitoral – tendo alguns se candidatado por diversas vezes a cargos eletivos e mesmo ocupado algumas secretarias municipais. Além disso, boa parte de seu tempo é tomado pela elaboração de belíssimas obras de arte, de esculturas a móveis chamados "rústicos", criadas a partir da técnica que denominam "reaproveitamento da madeira", ou seja, a utilização de madeira considerada "morta", encontrada nas matas que ainda sobrevivem aos eucaliptais que infestam a região –, madeira que, devidamente tratada, adquire uma espécie de nova vida.

O ponto essencial aqui é que essas pessoas não apenas se pensam (no sentido forte da palavra) como "afroindígenas", como desenvolvem uma série de complexas reflexões sobre essa expressão e sobre a sua própria situação no mundo. Em lugar de pretender saber de antemão e "revelar" o que seus amigos estariam "realmente" querendo dizer ao se afirmarem afroindígenas, Cecília preferiu seguir de modo detalhado e profundo o que eles efetivamente dizem, fazem e pensam a respeito de si mesmos, dos outros e dos mundos de que participam. Porque a necessidade de que os outros pensem – para usar uma expressão de Deleuze retomada por Stengers – não significa, é claro, que devamos obrigá-los a pensar, muito menos tentar "esclarecê-los" ou, no limite, lamentar que não pensem. A necessidade de que os outros pensem é uma abertura para seu pensamento, a aceitação de que as pessoas realmente pensam, mesmo, ou, principalmente, quando pensam diferente de nós. Desterritorialização do pensamento próprio por meio do pensamento de outrem, espécie de participação, discurso livre indireto, única justificativa, talvez, para a prática antropológica.

Em lugar de ceder à tentação de julgar se seus amigos eram "de fato" negros, índios, mestiços, pobres, ou o que quer que seja, a antropóloga aprendeu que "afroindígena" não precisa necessariamente ser da ordem da identidade, mas pode ser pensado como algo que se torna, que se transforma em outra coisa diferente do que era, mas que, de algum modo, conserva uma memória do que se foi – como um devir, portanto.

Cecília aprendeu também que o termo "afroindígena" quer dizer muitas coisas: um modo de descendência, sem dúvida, mas também uma origem explicitamente reconhecida como mítica e uma forma de expressão artística, ou seja, criativa; que não se trata da simples justaposição de influências ou formas distintas e irredutíveis, mas de uma terceira forma, com características próprias e ao mesmo tempo comuns às outras; que a relação entre *afros* e *indígenas* não é pensada apenas como de proximidade entre mundos paralelos, mas como uma interseção entre esses mundos, como um encontro entre indígenas e africanos. Que o encontro tenha sido real ou não – ou que ele esteja sendo explorado em sua realidade história ou não – pouco importa. O que realmente importa é a virtualidade desse encontro, aquilo que ele poderia ter produzido e que, por isso mesmo, ainda pode sê-lo. Finalmente, Cecília também aprendeu que o conceito foi elaborado com as mesmas técnicas utilizadas na criação das obras de arte que o grupo produz.

Vê-se, assim, que as relações afroindígenas são pensadas, simultaneamente, nas chaves da filiação e da aliança, ao mesmo tempo extensivas e intensivas; que tanto uma quanto a outra são encaradas em sua molaridade histórica e em sua molecularidade criativa. O afroindígena é uma linha de fuga minoritária não apenas em relação à variável majoritária dominante, "brancos", mas também em relação à captura que sempre ameaça as linhas de fuga: o rebatimento do devir em uma identidade ou mesmo em um pertencimento – negro, índio como minoria em lugar de devir-minoritário ou menor.

É nesse sentido que o conceito de afroindígena é criado em Caravelas a partir dos mesmos procedimentos utilizados para criar qualquer obra de arte, ou seja, a partir dessa técnica que os artistas chamam de "reaproveitamento" ou "ressuscitamento", técnica que opera por meio da reatualização de virtualidades reprimidas pela história. Uma árvore derrubada ou uma dança esquecida preservam potências vitais que o artista e o militante podem desencadear. Trata-se, assim, de uma espécie de *bricolage* das experiências históricas vividas de diferentes maneiras pelos membros do grupo como afros e como indígenas, ou seja, como dominados. Do mesmo modo que na "madeira morta" uma nova vida pode ser encontrada, nas experiências de resistência à dominação uma nova força pode sempre ser despertada.

Se para os Maia do México contemporâneo, como mostrou Pedro Pitarch (2013), a coexistência de narrativas indígenas e europeias é um modo de não permitir a incorporação da lógica europeia na própria narrativa indígena, no caso de Caravelas tudo se passa como se a articulação das narrativas afro e indígena fosse o que produz esse efeito de evitar a incorporação da lógica dominante, o que não significa que aquilo que os Maia obtêm a partir de uma evitação rigorosa de qualquer mistura seja feito pelos afroindígenas simplesmente "misturando" as coisas.

Já há algum tempo, José Carlos dos Anjos (2006) nos revelou tudo o que teríamos a ganhar abandonando os clichês dominantes da miscigenação, da mestiçagem ou do sincretismo em benefício de imagens oriundas de nossos próprios campos empíricos de investigação. Assim, a ideia de "linha cruzada", presente em praticamente todas as religiões de matriz africana no Brasil, permite pensar um espaço de agenciamento de diferenças enquanto diferenças, sem a necessidade de pressupor nenhum tipo de síntese ou fusão. As diferenças são intensidades que nada têm a ver com uma lógica da assimilação, mas sim com a da organização de forças, que envolve a modulação analógica (contra a escolha digital) dos fluxos e de seus cortes, bem como o estabelecimento de conexões e disjunções. Esse modelo heterogenético apoiado nas variações contínuas permite opor termo a termo mestiçagem e sincretismo, de um lado, contramestiçagem e composição (no sentido artístico do termo), de outro.

Porque em última análise é do mito das três raças que os afroindígenas de Caravelas estão tentando se livrar. E, se o fazem, é porque sabem muito bem que os mitos das classes dominantes têm o mau costume de produzir efeitos muito reais. Nesse sentido, sua elaboração do afroindigenismo tem igualmente uma dimensão mítica. Aqui, entretanto, temos que livrar o conceito de suas dimensões representacionais ou mesmo estruturais. Como escreveram Deleuze e Guattari (1972, p. 185), o mito não é "uma representação transposta ou mesmo invertida das relações reais em extensão"; ao contrário, "determina, conforme o pensamento e a prática indígenas, as condições intensivas do sistema"; ou, em outras palavras, o mito "não é expressivo, mas condicionante". O problema é de agenciamento, não de representação.

Se a *bricolage*, como postulou Lévi-Strauss (1962), corresponde, no plano da atividade prática, ao mito da atividade especulativa, a mesma passagem do expressivo ao condicionante poderia ser transposta para essa noção. O "reaproveitamento", ou "ressuscitamento", é uma forma de resistência, e a criação de novas condições e condicionantes faz parte inevitável de toda luta política.

O afroindígena pode aparecer, assim, como uma espécie de perspectiva, que não é tanto a da oposição simples entre afroindígena, de um lado, e brancos, de outro – o que reconduziria inevitavelmente a uma captura pela forma-identidade –, mas sim estabelecida a partir da oposição entre afro e indígena, que, evidentemente, é de natureza muito distinta daquela entre afro e/ou indígena, de um lado, e branco, de outro.

Trata-se – esta talvez seja a hipótese mais forte que eu gostaria de levantar – de um processo que poderíamos denominar "contramestiçagem". Não no sentido de uma recusa da mistura em nome de uma pureza qualquer, mas no da abertura para o caráter analógico, e não digital, e para o elemento de indeterminação que qualquer processo de mistura comporta.

Em certo sentido, o desafio colocado pela exploração antropológica da noção de afroindígena – que aparece ou reaparece hoje em tantas partes –, bem como de seus correlatos, não é mais do que a tentativa de elaborar em chave acadêmica aquilo que os militantes afroindígenas de Caravelas, assim como muitos outros, expuseram em chave existencial.

A quase quatrocentos quilômetros ao norte de Caravelas, e a cerca de cinquenta quilômetros do litoral, fica a cidade de Buerarema, parte da antiga grande região cacaueira baiana. E a pouco menos de vinte quilômetros do centro de Buerarema fica a serra do Padeiro, onde vivem hoje quase mil tupinambás. Eles fazem parte de um grupo mais abrangente que inclui os Tupinambá de Olivença (que vivem mais perto do litoral) e, como seus vizinhos, lutam há pelo menos vinte anos pela criação de sua terra indígena.[3]

---

3. Sobre o que se segue, ver principalmente Ubinger (2012), também Macêdo (2007) e Couto (2008).

A história dos Tupinambá dessa região se parece muito com a de inúmeros grupos indígenas do Nordeste brasileiro – e hoje também de outras regiões. *Grosso modo*, essa história é por eles dividida entre um grande período que vai do século XVI ao XIX (marcado por sua redução em missões jesuítas em conjunto com outros grupos indígenas e, depois, pela ocupação de certos territórios), seguido, a partir do início do século XX, por períodos mais curtos de invasão, expulsão, revolta, dispersão, submersão e retomada. Esta não é a ocasião para nos determos nesse intrincado processo e no complexo modo como é pensado e narrado pelos envolvidos. Basta observar que os Tupinambá não supõem que tenham deixado de existir enquanto indígenas em nenhum momento, e que pensam as alianças e a submersão a que se viram obrigados a praticar como meios de luta para garantir a sua existência.

Desse modo, não veem nenhum problema em reconhecer que são "misturados". No entanto, e ao contrário do que vimos ocorrer em Caravelas, a expressão afroindígena parece não fazer muito sentido na serra do Padeiro, uma vez que a mistura não anula o fato de que são, sempre foram e pretendem permanecer indígenas. Tudo se passa de modo semelhante àquele que foi descrito pela primeira vez, em 1991, por Peter Gow para os Piro da Amazônia peruana: o fato de que a diferença entre pessoas pode ser introjetada em cada uma não anula o fato de que, coletivamente, podem seguir sendo o que sempre foram. Parafraseando uma comunicação oral de Pedro Pitarch para o caso dos Maia mexicanos, os Tupinambá da serra do Padeiro não são os "descendentes" dos antigos Tupinambá: eles são aqueles Tupinambá que foram capazes de sobreviver a uma experiência histórica devastadora.

De seu próprio ponto de vista, a questão central dessa articulação entre identidade e diferença, continuidade e descontinuidade, parece se situar no plano cosmológico. Conhecidos pelo culto que prestam aos encantados, continuam a ver suas práticas religiosas sendo usadas para negar a eles o direito à terra, sob o argumento de que, assim como fenotipicamente eles não parecem índios, sua religião estaria mais próxima das religiões de matriz africana do que de práticas indígenas.

Como se sabe, por "encantado" entende-se, em praticamente todo o Brasil, do oeste amazônico ao litoral nordestino e do extremo norte do país a Minas Gerais, um conjunto de seres espirituais que assumem características semelhantes e diferentes nas diversas práticas religiosas em que aparecem. Denominados em muitas partes "caboclos", esses encantados se caracterizam, em geral, por não se confundirem com as divindades propriamente ditas e, ao mesmo tempo, por apresentarem algum tipo de afastamento significativo em relação aos antepassados e aos espíritos de mortos em geral. Ainda que isso não ocorra em todas as partes, os encantados costumam ser pensados como "vivos", seja no sentido de que são seres que passaram deste plano da existência para outro sem conhecer a experiência da morte, seja no sentido de que sempre existiram, habitaram e protegeram determinado território.

É bem nesta última acepção que os Tupinambá da serra do Padeiro definem os seus encantados – que ocasionalmente chamam de "caboclos", termo igualmente utilizado como sinônimo de índios. Os encantados são os "donos da terra", essa terra que foi transformada em um "território de sangue" e que é preciso agora "curar", transformando-a em uma "terra sem males". Esta será a nova forma da vingança tupinambá, não mais a partir de um "derrame de sangue", mas justamente da cura de um território doente de sangue. Para isso, são necessárias as "retomadas" das terras, da cultura, da vida. Retomadas que devem ser entendidas literalmente no sentido proposto por Isabelle Stengers para a noção de *reclaim*: não simplesmente lamentar o que se perdeu na nostalgia de um retorno a um tempo passado, mas sim recuperar e conquistar ao mesmo tempo, "tornar-se capaz de habitar de novo as zonas de experiência devastadas" (Pignarre e Stengers, 2005, p. 185).

O modo como os Tupinambá da serra do Padeiro narram os

começos de seu culto aos encantados é impressionante e constitui um dos condicionantes de suas práticas e representações. Um migrante do sertão baiano acaba parando na serra e se casando com uma nativa. Um de seus filhos experimenta crises de dor ou mesmo de "loucura". Seu pai decide levá-lo para a mais famosa mãe de santo da Bahia, Mãe Menininha do Gantois, sua parente distante. Em Salvador, a poderosa mãe de santo se dá conta de que não pode curá-lo porque ele já possui o poder da cura, e que a única solução é "cumprir sua sentença", ou seja, voltar para a serra e começar a curar as pessoas. De volta, o primeiro pajé tupinambá contemporâneo cura primeiro a si mesmo e em seguida outras pessoas. Em seus sonhos, descobre pessoas com o mesmo dom, capazes de acolher os encantados, e dá início a seu culto. Começa a acolher um encantado específico, o Caboclo Tupinambá, que avisa que "essa terra vai voltar a ser uma aldeia indígena", e anuncia a missão de retomada do território indígena. Nessa retomada, humanos e encantados são parceiros: os segundos seguem sempre na frente das ocupações territoriais e conduzem os primeiros na retomada da cultura.

Quando confrontados com a acusação de que suas práticas religiosas não seriam realmente indígenas, mas "misturadas", ou mesmo de origem africana, os Tupinambá da serra do Padeiro sabem exatamente o que dizer. Como afirma Célia, irmã do Cacique Babau e grande pensadora, "o candomblé é bom pra gente usar" (Ubinger, 2012, p. 149). Continuo a citá-la:

> A gente não discrimina, sabemos que algumas das entidades dos negros são do bem. Mas se eles não combinam, a gente não trabalha com eles, nós não trabalhamos com as entidades negras, mas algumas sim, pois elas ajudam. Porque havia muito contato entre as culturas. (*Ibid.*, p. 135)

Ora, essa visão pragmática, no sentido filosoficamente mais profundo do termo, também pode ser aplicada às religiões dos brancos. Como diz Célia, orações católicas, por exemplo, são utilizadas pelos Tupinambá, mesmo que eles de modo algum sejam cristãos, e sigo citando-a, porque:

> Nós fomos catequizados. Aí nós usamos o que era bom ou tinha mais força da religião do outro e adaptamos às nossas práticas e crenças. Mas continuamos fazendo nossos rituais e tendo fé nas nossas crenças, só que adaptamos, usando o que era útil ou bom do homem branco. (*Ibid.*, p. 135)

Tão longe, tão perto dos afroindígenas de Caravelas. A relação afroindígena segue sendo o modo pelo qual se pode resistir aos brancos, mesmo que, neste caso, seja preciso manter a separação interna entre afro e indígena, de algum modo "eclipsada" pelos militantes de Caravelas. Índios até o século xix, os Tupinambá se veem obrigados a "submergir" para não serem mortos – um pouco como seus encantados, que passam de um plano a outro sem conhecer a experiência da morte. Nessa submersão, tanto eles quanto seus encantados se metamorfoseiam em "caboclos", capazes de sobreviver em alguns nichos até poderem reemergir neste mundo como índios e encantados a fim de retomarem o que é seu.

Não se trata aqui ainda de tirar muitas conclusões da justaposição etnográfica e conceitual que apenas esbocei a partir dos belos trabalhos de Cecília Mello e Helen Ubinger. Limitome a observar que esse confronto pode ser estendido a outras etnografias e teorias nativas na direção da elaboração de teorias etnográficas – para voltar ao conceito malinowskiano que redescobri em meu trabalho sobre política – do que estou chamando provisoriamente (contra) mestiçagem.

De todo modo, essas teorias etnográficas devem necessariamente se apoiar em teorias nativas, e tudo indica que estas nunca deixam de opor, ou de distinguir, o cruzamento, a parcialidade, a heterogênese, a modulação analógica, as intensidades, as variações contínuas, a composição e a contramestiçagem aos clichês dominantes da síntese, da totalidade, da miscigenação, da identificação por contraste, dos interesses, da lógica da assimilação, da fusão e da mestiçagem e/ou sincretismo.

É nesse sentido que creio que a relação afroindígena possui um alto potencial de desestabilização do nosso pensamento e que, por isso mesmo, deve estar no coração de uma antropologia que encara as diferenças, que leva a sério o que as pessoas pensam, que é capaz de se manter afastada dos clichês que nos assolam e, assim, pensar diferente.

Para terminar, queria apenas justificar meu título, no qual fiz o que sempre aconselho meus estudantes a não fazerem – a utilização literal de uma expressão nativa seguida de um rebuscado subtítulo. Desta vez, contudo, não fui capaz de resistir à força do episódio que me foi narrado por outra ex-aluna que, como eu, fez sua pesquisa de campo em Ilhéus. No mercado local de artesanato, Ana Cláudia Cruz da Silva vê um turista comprando artesanato indígena de um vendedor que se apresenta como tupinambá. Um pouco cético, o turista pergunta se ele é mesmo índio; ele responde que sim, que é índio; o turista insiste na dúvida, suspeitando, certamente, de uma ascendência negra; o índio confirma que é tupinambá; o turista ainda argumenta: "mas você não parece índio!". E a resposta: "O que o senhor queria? São quinhentos anos de contato".

Améfrica em 3 atos, Coletivo Legítima Defesa. Sesc Pompeia, São Paulo, 2022. Fotografia: Cristina Maranhão.

Referências

TEXTOS

ANDRADE, Mário de (org.). "A arma da teoria: unidade e luta". *Obras escolhidas de Amílcar Cabral*, v. 1, p. 165. Lisboa: Seara Nova, 1976.

ANJOS, José Carlos Gomes dos. *Território da linha cruzada: a cosmopolítica afro-brasileira*. Porto Alegre: UFRGS, 2006.

BANIWA, Denilson. "Sobre a retomada da antropofagia como resistência da arte indígena". São Paulo: Performance na Casa do Povo, 2018.

BASTIDE, Roger. "La rencontre des dieux africains et des esprits indiens". Salvador: Afro-Ásia, 1976 [1973].

_____. *Les religions africaines au Bre sil*. Paris: PUF, 1960.

BEY, Hakim. *Caos: Terrorismo poético e outros crimes exemplares*. São Paulo: Conrad, 2003.

BORGES, Jorge Luis. "El atroz redentor Lazarus Morell". In: *Obra completa 1923-1972*. Buenos Aires: Emecé editores, 1974 (1935).

CÉSAIRE, Aimé. *Diário de um retorno ao país natal*. Tradução, posfácio e notas de Lilian Pestre de Almeida. São Paulo: Editora da Universidade de São Paulo, 2012.

_____. *Discurso sobre o colonialismo*. Lisboa: Livraria Sá da Costa Editora, 1978.

_____. *Uma tempestade*. São Paulo: Temporal, 2024 [1969].

COLETIVO LEGÍTIMA DEFESA. *A missão em fragmentos: 12 cenas de descolonização em Legítima Defesa*. São Paulo: n-1 Edições, 2017.

COUTO, Patrícia Navarro de Almeida. "Morada dos encantados: identidade e religiosidade entre os tupinambá da Serra do Padeiro – Buerarema, BA". Dissertação de Mestrado em Antropologia. Salvador: UFBA, 2008.

DELEUZE, Gilles e BENE, Carmelo. *Superpositions*. Paris: Minuit, 1979.

DELEUZE, Gilles e GUATTARI, Félix. *L'Anti-Oedipe: capitalisme et schizofrénie*. Paris: Minuit, 1972.

DU BOIS, W. E. B. & HARTMAN, Saidiya. *O cometa + O fim da supremacia branca*. Tradução de André Capilé e Cecília Floresta. São Paulo: Fósforo, 2021.

FANON, Frantz. *Pele negra, máscaras brancas*. Salvador: EDUFBA, 2008.

FEDERICI, Silvia. *Calibã e a bruxa: mulheres, corpo e acumulação primitiva*. Tradução de Coletivo Sycorax. São Paulo: Editora Elefante, 2017.

FREITAS, Kênia. 2019. "Fabulações críticas em curtas-metragens negros brasileiros". In: *Multiplot! – Revista de cinema*, 14 de março de 2019. Disponível *online*.

GLISSANT, Édouard. *Poética da relação*. Tradução de Marcela Vieira e Eduardo Jorge de Oliveira. Rio de Janeiro: Bazar do Tempo, 2021.

GOLDMAN, Marcio. "A relação afroindígena". In: *Cadernos de Campo*, v. 23, n. 23, p. 213–222, 2014.

GONZALEZ, Lélia. "A categoria político-cultural de amefricanidade". In: *Tempo Brasileiro*, v. 92, n. 93, p. 69–82, 1988.

_____. *Por um feminismo afro-latino-americano*. Organização de Flávia Rios e Márcia Lima. Zahar: 2020.

GUATTARI, Félix. *Chaosmose*. Paris: Galilée, 1992.

_____. "La pulsion, la psychose et les quatre petits foncteurs". In: *Revue Chime res*, n. 20, pp. 113–122, 1993.

HARTMAN, Saidiya. "Venus in Two Acts". In: *Small Axe*, v. 12, n. 2, p. 1–14, 2008.

HOOKS, bell. *Olhares negros: raça e representação*. Tradução de Stephanie Borges. São Paulo: Editora Elefante, 2019.

_____. "*Renegados* revolucionários: americanos nativos, afro-americanos e indígenas negros". In: *Olhares negros: raça e representação*, p. 274–296. São Paulo: Editora Elefante, 2019.

KILOMBA, Grada. *Memórias da plantação: episódios de racismo cotidiano*. Tradução de Jess Oliveira. Rio de Janeiro: Cobogó, 2019.

LÉVI-STRAUSS, Claude. *La pensée sauvage*. Paris: Plon, 1962.

_____. *Mythologiques*, 4 volumes. Paris: Plon, 1964–1971.

LIMA, Maurinete. *Sinhá Rosa*. São Paulo: Invisíveis Produções, 2017.

LOSONCZY, Anne-Marie. *Les saints et la fore t: rituel société et figures de l'échange entre noirs et indiens Embera* . Paris: L'Harmattan, 1997.

MACÊDO, Ulla. "*A dona do corpo*: um olhar sobre a reprodução entre os Tupinambá da Serra, BA". Dissertação de Mestrado em Ciências Sociais. Salvador: UFBA, 2007.

MACHEL, Samora. *A luta continua: Antologia de discursos do presidente da Frelimo*. Introdução e organização de José A. Salvador. Porto: Afrontamento, 1974.

MANNONI, Octave. *Psicologia da colonização*. Tradução de Marise Levy Warhaftig. São Paulo: Perspectiva, 2024.

MELLO, Cecília Campello do Amaral. "Devir-afroindígena: enta o vamos fazer o que a gente é". In: *Cadernos de Campo*, n. 23, v. 23, n. 23, p. 223–239, 2014. Disponível *online*.

_____. "Irradiac a o e bricolagem do ponto de vista de um movimento cultural afroindígena". In: *Cosmos e Contexto: Revista Eletro nica de Cosmologia e Cultura*, n. 18, 2015. Disponível *online*.

_____. "Obras de arte e conceitos: cultura e antropologia do ponto de vista de um grupo afro-indígena do sul da Bahia". Dissertac a o de Mestrado em Antropologia Social. Rio de Janeiro: PPGAS–Museu Nacional & UFRJ, 2003.

_____. "Política, meio ambiente e arte: percursos de um movimento cultural do extremo sul da Bahia (2002-2009)". Tese de Doutorado em Antropologia Social. Rio de Janeiro: PPGAS–Museu Nacional & UFRJ, 2010.

MEMMI, Albert. *Retrato do colonizado precedido de Retrato do colonizador*. Prefácio de Jean-Paul Sartre, tradução de Marcelo Jacques de Moraes. Rio de Janeiro: Civilização Brasileira, 2007.

MORRISON, Toni. *A origem dos outros: Seis ensaios sobre racismo e literatura*. Traduc a o de Fernanda Abreu, prefa cio de Ta-Nehisi Coates. Sa o Paulo: Companhia das Letras, 2019.

MOTEN, Fred. *In the Break: The Aesthetics of the Black Radical Tradition*. Minneapolis: University of Minnesota Press, 2003.

_____. *Na quebra: a estética da tradição radical preta*. Tradução de Matheus Araujo dos Santos. São Paulo: n-1 Edições, 2023.

MOURA, Clóvis. *A sociologia do negro brasileiro*. São Paulo: Perspectiva, 2019.

NASCIMENTO, Abdias dos. *O quilombismo: documentos de uma militância panafricanista*. Petrópolis: Vozes, 1980.

NASCIMENTO, Elisa Larkin. *Abdias Nascimento: Grandes Vultos que honraram o Senado*. Brasília: Senado Federal – Coordenação de Edições Técnicas, 2014.

PIGNARRE, Philippe & STENGERS, Isabelle. *La sorcellerie capitaliste*. Paris: La Découverte, 2005.

PITARCH, Pedro. *La cara oculta del pliegue. Ensayos de antropología indígena*. México: Artes de México/ Conaculta, 2013.

PRINCE, Leona & PRINCE, Gabrielle. *Be a Good Ancestor*. Victoria: Orca Book Publishers, 2022.

SANTOS, Antônio Bispo dos. *A terra dá, a terra quer*. São Paulo: Ubu Editora, 2023.

_____. *Colonização, quilombos: modos e significações*. Brasília: Associação de Ciências e Saberes para o Etnodesenvolvimento AYÓ, 2021.

SANTOS, Joel Rufino dos. *Zumbi*. São Paulo: Moderna, 1985.

SCHAPIRA, Claudia. "Avó do mundo" (poema). São Paulo: S. N., 2022.
SHAKESPEARE, William. *A tempestade*, 1611. Porto Alegre: L&PM Pocket, 2022.
SOUZA, Neusa Santos. *Tornar-se negro: Ou as vicissitudes da identidade do negro brasileiro em ascensão social*. Rio de Janeiro: Edições Graal, 1983.
STRATHERN, Marilyn. *The gender of the gift: problems with women and problems with society in Melanesia*. Berkeley: University of California Press, 1988.
SURIEL, Yina Jiménez. "O som como emancipação". In: Contemporary And América Latina, 2021. Disponível *online*.
TAYAC, Gabrielle. *IndiVisible: African-Native Lives in the Americas*. In: Smithsonian National Museum of the American Indian. Washington, DC: Smithsonian Books, 2009.
UBINGER, Helen Catalina. "Os tupinambá da Serra do Padeiro: religiosidade e territorialidade na luta pela terra indígena". Dissertação de Mestrado em Antropologia. Salvador: UFBA, 2012.
VESSONI, Aline. "As histórias que Ruy Barbosa não conseguiu queimar". In: *Jornal da UNESP*, 14 de abril de 2023. Disponível *online*.

FILMES

GREENAWAY, Peter (dir). *A última tempestade [Prospero's Books]*. Reino Unido: Palace Pictures, 1991. 129 minutos. Disponível no YouTube.
PECK, Raoul (dir). *Exterminate All the Brutes*. Estados Unidos: TV Mini Series, 2021. Disponível na HBO Max.
BOLOGNESI, Luiz (dir). *Guerras do Brasil.doc*, Brasil: 2019. 130 minutos. Disponível na Tamanduá TV.
GUERRA, Ruy (dir). *Os comprometidos: actas de um processo de descolonização*, 1984. 48 minutos. Disponível no YouTube.
MCQUEEN, Steve (dir). *Small Axe*. Reino Unido: TV Mini Series, 2020. Disponível em Prime Video.
MAMBÉTY, Djibril Diop (dir). *Touki Bouki: A viagem da Hiena*. Senegal: 1973. 95 minutos.

VÍDEOS

DIANGELO, Robin & BENTO, Cida & AMPARO, Thiago. 2020. "Branquitude: racismo e antirracismo". *O branco na luta antirracista: limites e possibilidades*, Cadernos Ibirapitanga. Disponível no YouTube.

MÚSICA

APRESENTO MEU AMIGO. Intérprete: Thaíde, DJ Hum, Sombra. Composta por Thaíde, DJ Hum. In: *Assim caminha a humanidade*, Trama, 2000, faixa 9.

BRASIL TERREIRO. Intérprete: Luan Charles, 2022.

CHILDREN OF PRODUCTION. Intérprete: Parliament-Funkadelic. Composta por Bernie Worrell, George Clinton, William Earl Collins. In: *The Clones of Dr. Funkenstein*, Casablanca, 1976, faixa 4.

GENOCIDE. Intérpretes: Dr. Dre, Kendrick Lamar, Marsha Ambrosius e Candice Pillay. Composta por Andre R. Young, Candice Pillay, Dwayne Abernathy, Kendrick Lamar, M. Ambrosius, M. Ricks II, S. Jordan. In: *Compton*, Aftermath Entertainment, 2015, faixa 3.

GUESS WHO'S COMING TO DINNER. Intérpretes: Black Uhuru, Sly and Robbie. Composta por Alberto D'Ascola, Derrick Simpson, Michael Rose, Puma Jones. In: *Guess Who's Coming To Dinner*, 1981, faixa 4.

HA LE TSHABE BOSIU. Intérprete: Neo Muyanga. Composta por Neo Muyanga. Sharjah Art Foundation, 2019.

HOW SWEETLY YOUR SCREAM, Mother. Intérprete: Neo Muyanga. Composta por Neo Muyanga. Savvy Records, 2021.

IT'S ALL ON ME. Intérpretes: BJ The Chicago Kid, Dr. Dre, Justus. Composta por Andre R. Young, J. Mohrle, M. Ricks II, Roosevelt Harrell. In: *Compton*, Aftermath Entertainment, 2015, faixa 4.

MAÇONARIA. Intérprete: Azagaia. Participação de Guto e Banda Likute. In: *Cubaliwa*, 2013, faixa 3.

MAKEDA. Intérprete: Neo Muyanga. Composta por Neo Muyanga. Sharjah Art Foundation, 2019.

O TREM. Intérprete: RZO. In: *RZO*, Rhythm & Blues Records, 1997.

POINT AND KILL. Intérprete: Little Simz, Obongjayar. Composta por Dean Josiah Cover, Simbiatu Ajikawo, Steven Umoh. In: *Sometimes I Might Be Introvert*, AGE 101, 2021, faixa 15.

SANNI KAGNIBA. Intérprete: Salif Keita. Composta por Salif Keita. In: *Soro*, Mango, 1987, faixa 6.

SECOND HAND READING. Intérprete: Neo Muyanga & William Kentridge. Composta por Neo Muyanga. Whitechapel Gallery, 2013.

THULA NHLIZIYO. Intérprete: Neo Muyanga. Composta por Neo Muyanga. Sharjah Art Foundation, 2019.

VIDA LOKA, PT. 2. Intérprete: Racionais MC's. Composta por Mano Brown. In: *Nada como um dia após o outro dia (chora agora, ri depois)*, Cosa Nostra, 2002, disco 2, faixa 7.

VOZ ATIVA, ESCOLHA O SEU CAMINHO. Intérprete: Racionais MC's. In: *Escolha o seu caminho*, Zimbabwe, 1992.

WORDS (ORIGINAL MIX). Intérpretes: AbysSoul, Sio. Abyss Music, 2016.

YA TOWKHETHA DATKALHA. Intérprete: Povo Fulni-ô. In: *Cafurnas Fulni-ô*, Tratore, 2019, faixa 3.

ZELÃO. Intérprete: Elza Soares. Composta por Sérgio Ricardo. In: *Elza Soares*, Odeon, 1973, faixa 6.

DIÁLOGOS AMEFRICANOS

BARRETO, Raquel; PATAXÓ, Samara. "Amefricanidades: para dar luz às sabedorias e às experiências negras e ameríndias no continente americano". Ciclo de debates *Lélia Gonzalez, uma intelectual amefricana*, realizado pela FLUP em 2020. Disponível no YouTube.

BABAU, Cacique; SANTOS, Antônio Bispo dos. "Confluências na retomada". Ciclo *Diálogos amefricanos*, realizado pelo coletivo Legítima Defesa em 2022. Disponível no YouTube.

CARLOS, Dione; PAULINO, Rosana. "Pretoguês – A linguagem e reinvenção afro-brasileira como ato político". Ciclo de debates *Lélia Gonzalez, uma intelectual americana*, realizado pela FLUP em 2020. Disponível no YouTube.

GUAJAJARA, Kari; SANTOS, Elisiane dos. "Vidas negras, vidas indígenas importam". Ciclo de debates *Lélia Gonzalez, uma intelectual amefricana*, realizado pela FLUP em 2020. Disponível no YouTube.

NUÑEZ, Geni; TERENA, Naine. "Ancestralidades na retomada". Ciclo *Diálogos amefricanos*, realizado pelo coletivo Legítima Defesa em 2022. Disponível no YouTube.

TUPINAMBÁ, Renata; FULNI-Ô, Edivan. "Fazer artístico indígena na retomada". Ciclo *Diálogos amefricanos*, realizado pelo coletivo Legítima Defesa em 2022. Disponível no YouTube.

XAKRIABÁ, Célia; BORGES, Rosane. "O que temos em comum além de nossas cicatrizes?". Ciclo de debates *Lélia Gonzalez, uma intelectual amefricana*, realizado pela FLUP em 2020. Disponível no YouTube.

XIPAYA, Juma; BENITES, Sandra. "O papel das mulheres indígenas". Ciclo de debates *Lélia Gonzalez, uma intelectual amefricana*, realizado pela FLUP em 2020. Disponível no YouTube.

Ficha técnica

DIREÇÃO   Eugênio Lima

DRAMATURGIA   Claudia Schapira, Aldri Anunciação e Dione Carlos

INTERVENÇÃO DRAMATÚRGICA   Coletivo Legítima Defesa

COM PARTICIPAÇÃO DE   Frantz Fanon, Racionais MC's, Lélia Gonzalez, Aimé Césaire, Maurinete Lima, Neusa Santos Sousa, bell hooks, W. E. B. Du Bois, Amílcar Cabral, William Shakespeare, Silvia Federici, Eliane Brum, Yina Jiménez Suriel, Robin DiAngelo, Célia Xakriabá, Abdias do Nascimento, Renata Tupinambá, Denilson Baniwa, Ailton Krenak e Samora Machel

ELENCO DO COLETIVO LEGÍTIMA DEFESA   Walter Balthazar, Luz Ribeiro, Jhonas Araújo, Gilberto Costa, Tatiana Rodrigues Ribeiro, Fernando Lufer, Nádia Bittencourt, Eugênio Lima, Luan Charles e Marcial Macome

ATRIZ CONVIDADA   Janaína Silva e Thaís Peixoto

ATOR CONVIDADO   Antônio Pitanga (em vídeo)

CONVIDADA   Hukena Yawanawa (em vídeo)

RETOMADAS   Coletivo O Bonde, Jairo Pereira, Thereza Morena e Espiralar Encruza (em vídeo)

PARTICIPAÇÃO ESPECIAL   Edivan Fulni-ô e Renata Tupinambá

CONSULTORIA ARTÍSTICA   Renata Tupinambá

CONSULTORIA ANTROPOLÓGICA   Majoí Gongora

PRODUÇÃO EXECUTIVA Gabi Gonçalves (Corpo Rastreado) e Iramaia Gongora (Umbabarauma Produções artísticas)

DIREÇÃO MUSICAL Eugênio Lima

VIDEOGRAFIA Bianca Turner e Mônica Ventura

ILUMINAÇÃO Matheus Brant

CENÁRIO Iramaia Gongora

FIGURINO Claudia Schapira

MÚSICA Eugênio Lima, Neo Muyanga, Luan Charles e Roberta Estrela D'Alva

DIREÇÃO DE GESTO E COREOGRAFIA Luaa Gabanini

SPOKEN WORD Roberta Estrela D'Alva

FOTOGRAFIA Cristina Maranhão

TRADUÇÃO PARA O TUPI-GUARANI Luã Apyká, povo Tupi Guarani Tabaçu Rekoypy (aldeia, SP)

TRADUÇÃO PARA O TUKANO Sandra Nanayna e João Paulo Barreto

DESIGN Sato do Brasil

ARTISTAS CONVIDADAS Juliana Xukuru, Marcely Gomes e Kadu Tapuya

ASSISTÊNCIA DE DIREÇÃO Gabriela Miranda

ASSISTÊNCIA DE PRODUÇÃO Thaís Cris e Thaís Venitt Quica Produções

FILMAGEM RETOMADAS SP E ANTÔNIO PITANGA Gabriela Miranda e Matheus Brant

FILMAGEM DE HUKENA YAWANAWA Cristina Maranhão e Majoí Gongora

MÚSICOS   Eugênio Lima e Luan Charles

CENOTÉCNICO   Wanderley Wagner

DESENHO DE SOM   Eugênio Lima

REVISORA   Ana Yano

ENGENHARIA DE SOM   João Souza Neto, Clevinho Souza e Nick Guaraná

COSTUREIRA   Cleusa Amaro da Silva Barbosa

VOZ EM OFF   Sandra Nanayna, Maurinete Lima, Dorinha Pankará, Hukena Yawanawa e Cacique Babau

TRANSCRIÇÃO E EDIÇÃO DOS TEXTOS PENSAMENTO AMEFRICANO CONTEMPORÂNEO   Isadora Fávero, Carminha Gongora, Majoí Gongora, Iramaia Gongora

PARCEIROS   Antônio Bispo dos Santos, Cacique Babau, Casa do Povo, Célia Xakriabá, Dorinha Pankará, Edivan Fulni-ô, Elisiane dos Santos, Geni Nuñez, Juma Xipaya, Kari Guajajara, Karine Narahara, Katu Mirim, Marcio Goldman, Naine Terena, Próxima Cia, Raquel Barreto, Renata Tupinambá, Rosana Paulino, Samara Pataxó, Sandra Benites, Sandra Nanayna

COLETIVO LEGÍTIMA DEFESA   é um grupo de artistas, atores e atrizes, DJs e músicos, de ação poética, portanto política, com foco na reflexão e representação da negritude, seus desdobramentos sócio-históricos e seus reflexos na construção da persona negra no âmbito das linguagens artísticas, constituindo, assim, um diálogo com outras vozes poéticas que tenham a negritude como tema e pesquisa.

Formado em 2015, o coletivo Legítima Defesa apresentou a performance poético-política *Em Legítima Defesa* na Mostra Internacional de Teatro de São Paulo (MIT–SP) de 2016. Em 2017, estreou na mesma mostra o espetáculo *A missão em fragmentos: 12 cenas de descolonização em Legítima Defesa*. Tem em sua bagagem uma série de intervenções urbanas, como *Racismo é golpe?* e *Um rosto à procura de* um nome. Em 2019, estreou o espetáculo *Black Brecht – E se Brecht fosse negro?*, projeto contemplado pelo Prêmio Zé Renato e considerado pelo Guia da Folha como um dos mais relevantes do ano.

O coletivo vem provocando diversas imersões poéticas em lugares onde a presença negra é praticamente inexistente, tais como Masp, Pinacoteca de São Paulo e Bienal de São Paulo, entre outros. Entre as diversas parcerias, destaca-se a colaboração com o músico e performer sul-africano Neo Muyanga, com quem realizou os espetáculos *A missão em fragmentos: 12 cenas de descolonização em Legítima Defesa* e *Black Brecht – E se Brecht fosse negro?*, além das performances *A Maze in Grace* e *A Grace Note* para a 34ª Bienal de São Paulo, em 2020 e 2021, respectivamente, ambas com a direção de Neo Muyanga.

Em 2022 o coletivo estreou o espetáculo *Améfrica em 3 atos* e em 2023, realizou o filme *Dançando na chuva*, em parceria com artista plástico Jaime Lauriano.

Os atos de guerrilha estética surgem da impossibilidade, surgem da restrição, surgem da necessidade de defender a existência, a vida e a poética. Surgem do ato de ter voz. Ser invisibilizado é desaparecer, desaparecer é perder o passado e interditar o futuro, portanto, não é uma opção.

Roda de Conversa Afropindorâmica. Coletivo Legítima Defesa com: Eugênio Lima, Cacique Babau, Agnaldo Pataxó Hã Hã Hãe, Nego Bispo, Tereza Onä, Márcio Goldman e Majoí Gongora. Sesc Pompeia, São Paulo, 2022. Fotografia: Cristina Maranhão.

DADOS INTERNACIONAIS DE CATALOGAÇÃO NA
PUBLICAÇÃO (CIP) DE ACORDO COM ISBD

c694a   Coletivo Legítima Defesa

Améfrica, Coletivo Legítima Defesa. Organizado por Eugênio Lima e Majoi Gongora. São Paulo: n-1 edições, 2024. 192 páginas, 14cm x 21cm.

ISBN 978-65-6119-021-3

1. Teatro. I. Lima, Eugênio. II. Gongora, Majoi. III. Título.

2024-2286

CDD: 792
CDU: 792

ELABORADO POR
Odilio Hilario Moreira Junior (CRB-8/ 9949)

ÍNDICES PARA CATÁLOGO SISTEMÁTICO
1. Teatro (792)

n-1

O livro como imagem do mundo é de toda maneira uma ideia insípida. Na verdade não basta dizer Viva o múltiplo, grito de resto difícil de emitir. Nenhuma habilidade tipográfica, lexical ou mesmo sintática será suficiente para fazê-lo ouvir. É preciso fazer o múltiplo, não acrescentando sempre uma dimensão superior, mas, ao contrário, da maneira mais simples, com força de sobriedade, no nível das dimensões de que se dispõe, sempre n-1 (é somente assim que o uno faz parte do múltiplo, estando sempre subtraído dele). Subtrair o único da multiplicidade a ser constituída; escrever a n-1.

Gilles Deleuze e Félix Guattari

n-1edicoes.org

v. cf968db